世界を物語として生きるために

さやわか

青土社

目次

世界を物語として生きるために

終わり／始まり

八匹目の終わりと始まり

八匹目の終わりと始まり

＊

僕はやっぱり、「101匹あんちゃん大行進」のことを書こうと思う。

＊

ここ数年、僕は、今後自分がどんな仕事をしていくのか、それを説明するにあたって、ふたりのモデルとなる人物を掲げていた。そのうちのひとりが、橋本治である。もうひとりについては、別にいま書く必要もないので、書かない。

以下は、亡くなったひと、橋本治についての文章である。なのに、のっけから書き手自身が現れてしまって、全く申し訳ない。ただこの話をするには、僕自身の話をするのが最も手っ取り早いのだ。

今さら、橋本治なのだ。今さらというのは、僕が彼の本を一番読んだのが中高生のころだからだ。

一九九六年以降には、全ては、読まなかった。「全ては」というのはどういうことかというと、むしろ一九九五年までの著作は、たぶん全て読んでいたということである。しかし、一九九六年以降は、そこまで、読まなくなった。しかし、それなのに近年、僕は彼のような書き手になろうと思います、と言うようにしていた。

僕は、一言で言うと、何だかよくわからない書き手である。「何だかよくわからない」というのは、要するに一言で言えないわけである。僕は漫画について書き、ゲームについて書き、アニメについて書き、漫画の原作をやり、アメリカのヒットチャートについて書き、ネットカルチャーについて書き、映画について書く。かと思ったら、急にポストモダン文学の話をしたり、児童書の話をしたり、舞踏について書いたり、ワインの飲み方について書いたりする。

なぜかサブカルチャーについての原稿を依頼されることが多い。しかし「サブカルチャーが好きなんですね」と言われると、困惑したような顔をして「いや、好きで書くとか、そういうことじゃないと思いますけど……」みたいな答え方をする。

何が専門かわからない人を、世間は「何だかよくわからない」人だと考える。「何だかよくわからない」人のことを、何とか「わかる」人として扱いたいから、「サブカルチャーが好きなんですね」などと言ってくれるし、そういう分野についての原稿を頼んでくれるのだが、言われた当人はなぜか憮然としているので、言ってくれた方は困るのである。

＊

なぜ僕はこんな書き手になったのか。それはそもそも、僕が橋本治のような人になりたかったからなのだろう。しかし、僕以外でも、橋本治を読んで、こういう書き手になる人間がたくさん現れてくると思っていたのだが、全然そうはならなかったので、不思議でならない。

この本を読んでいる人がどのくらい橋本治について詳しいか知るよしもないが、橋本治は、かつて、「何だかよくわからない」仕事をしていた。みんな、知ってる人は知ってることだけど（知らない人は、そういうのがあるんだとだけ思ってくれたらいいけど）例を示すならば、代表的なのはもちろん編み物の本とか、占いの本とか、「軽チャーっぽい」フジテレビのCMとか、であろう。

彼が登場した当時には、まさに「軽チャーっぽい」という言葉が使われてしまう時代らしさというものがあって、その風潮に乗って、やたらいろんなことをやる表現者というのが、いたのである。彼はそれを地で行っていた。僕はそういうところがまずは、好きだったはずだ。

もちろん、彼は物書きとして世間的に正しく評価される仕事もしている。しかし、そういう仕事でも、よくよく考えてみれば、女子高生の文体で小説を書いたり、女子高生の文体で古典を訳したりするのも、「何だかよくわからない」ことではあった。あるいは、ゲイや少女漫画について評論を書いたり、エロ雑誌で人生相談をしたり、半ズボンを履くことの正当性を訴えたりするのも、「何だかよくわからない」ことであった。少なくとも、彼が書いた当時には。

「少なくとも、彼が書いた当時には」という但し書きは何なのかというと、もちろん、その後、橋本治が書いたような文章のいくつかは当たり前のものになっていったということである。と、いうように書くと、うっかり「なるほど、つまり橋本治がそうした評論の嚆矢であったわけだな」などと思う人もいるはずだが、そうではない。いや、結果としてはそうなのだが、橋本治が嚆矢たらんとしていたかというと、かなり怪しい。

おそらく橋本治は、そこに存在しないものを思い浮かべて、それがあるべきだ、と思っただけである。「ああ、あればいいものが、ないなあ。あったほうがいいのになあ。じゃあしょうがないから、大変だけど、私が書いちゃおうか」と思ったはずである。なぜなら、彼は尋常じゃないほどに親切で、正直で、優しい心の持ち主だからである。『ぼくたちの近代史』(主婦の友社、一九八八)の中で、彼は高校時代のクラスメイトに憤った話をしている。高校三年生になったらみんな急に、最初から受験のことしか頭になかったような顔をし始めるのだ。体育祭の演し物の準備なんて、だれも手伝わないのだ。そこで橋本治は、こんなくだらない若者たちに、二度と関わりたくないと思った。しかし、彼は優しいのである。いつだって、つい、優しくしてしまうのが、橋本治の泣き所である。だから、彼は一人でも体育祭の準備をする。

だからその後も、橋本治は、本当は別に自分が別に書かなくてもいいんだけど、他に書いている人がいないものを書いていた。『花咲く乙女たちのキンピラゴボウ』(北宋社、一九七九、一九八一)はきわめて論理的に設計されていて、あの評論の読み手を全く新しい人として想定した結果として、あの個性的な文体が考案されている。それはつまり、ひらかれた少女漫画の評論の読み手が彼があれを書く前には存在しなかったことを意味している。

自分が書かなくてもいいとは言っても、もちろん彼自身として、それらの題材で書きたい理由は存在する。彼が「緋牡丹博徒」シリーズについて熱く語るのも当然のことだ。しかし本当は、他の誰かが書いていたら、彼はそんなものを書かずにニコニコしていたはずである。

橋本治はアイスクリーム屋のせがれとして、かわいがられて育てられた。本当は、彼は、大人になっても、かわいがってもらえていれば、それでよかったはずなのである。一九八四年に『ビックリハウス』で短期集中連載された「ちょっと早すぎた自叙伝」のグラビアで、実家をバックにかわいい服を着て、満面の笑みを見せている彼は、もう、本当は自分はかわいがってもらうべき対象なのに、とばかりアピールしている。

しかしもちろん、世の中はつめたいので、そして橋本治はあまりにも優しすぎるし、お人好しすぎるから、なぜか、彼のほうが人に手を差しのべることになる。そんな橋本治に「どうしてこんな本を書くんですか?」と言われても、あまり自分個人の内発的動機を理由にはできないのである。彼は誰かに請われたように書いているか、対象が命じていると思うのか、とどのつまりは困っている人をそのままにできないから書いているだけだ。

＊

したがって、彼にとっては、対象が何であろうが、本当は同じだったはずである。重要なのはやり抜くことであって、対象それ自体ではなかった。そしてやり抜くこととは、彼にとって、対象を認めることであった。

『革命的半ズボン主義宣言』（冬樹社、一九八四）のなかで、橋本治は「正当性とは論理によって獲得される」と言った。言い換えれば、論理さえ整備できれば、どんなものにでも正当性は与えられるのだ。

彼はその姿勢を貫いた。あらゆるものに対して長い長い文章を書き、それを説明し尽くして、彼自身が対象を理解し、よし正当である、と確認するのだ。橋本治にとって『革命的半ズボン主義宣言』を書くのも、『'89』（マドラ出版、一九九〇）を書くのも、『シンデレラボーイ シンデレラガール』（北宋社、一九八二）を書くのも、『橋本治の思考論理学』（マドラ出版、一九九二）を書くのも、『「三島由紀夫」とはなにものだったのか』（新潮社、二〇〇二）を書くのも、変わらなかったはずである。これらの本はすべて、徹底的な語りによって論理を生み出し、やがて最後には、不安定な地盤だった場所に力強い土台を築いてくれるものなのだ。正当性が論理によって獲得されるとはどういうことかというと、正当性がないという不安な状態を、橋本治が全力の論理によって助けてくれるということだった。それはつまり不安な生に対して「あなたはここにあっていい」という承認を与えることだった。それがために全力で語ろうとするのが橋本治の優しさであり、そのやり方だけが、橋本治であった。だから内容が「来年の夏はみんなで半ズボンを履かない?」だろうが、「きみだけに贈るつもりの89」だろうが、本当はどちらでも同じなのだ。どちらでも優しかったのだ。

橋本治の本は、すべてそうである。彼が亡くなったとき、ネットで「橋本治の評論は読むけど、小説は苦手だったよなぁ」みたいな意見を見て、不思議でならなかった。逆に、小説は読むけど、評論は読まない、という人もいるのかもしれない。あるいは、両方読むけど『アストロモモンガ』（ネスコ、一九八七）には興味が持てない、という人もいるかもしれない。

繰り返すが、それは不思議である。なぜなら橋本治が書くことは、すべて一貫しているからだ。しかしその一貫とは、内容の一貫性ということではない。彼の一貫性とは、すべてに対して、正当性を奪取するために、論理を積み上げていくという、そのやり方においてなのだ。橋本治は、本当は、対象全般について同じ態度で扱うというところに特徴のある人だった。しかしそれに気づかず対象だけを見ていると、とりとめがないように感じられて「何だかよくわからない」人になってしまうのだった。

つまりは『桃尻娘』（講談社、一九八三）だって『キンピラゴボウ』だって、本当は同じだったのだ。しかし世の中というのは不思議なもので、「何だかよくわからない」人が「わかる」ことをやったところだけを抜き出して、なるほど、これなら「わかる」と思いたいのだった。

ただし橋本治がやっかいなのは、自分の書いていることを他人が読んで難しそうに思えたり、あるいは一見すると韜晦に見えたり、また本当は難しくなさそうに思えたり、実際にやっぱり韜晦のように思われたりすることを完全に理解した上で、全くの優しさによって、「自分の書いていることは難しそうに思えたり、あるいは一見すると韜晦に見えたり、また本当は難しくなさそうに思えたり、実際にやっぱり韜晦のように思えるけど、実際には難しくなかったり、本当に韜晦だったり、でもやっぱり難しかったりもするから、あんまり不安にならなくていいよ」と言い、かつ、ダメ押しとして「まあしかし、あなたがこれを読んでどう思おうと、そんなこと私には全く関係ないのだった」とまで言ってしまうことだった。

それすら優しさなのだが、そこまで言われてしまうと、人は煙に巻かれてしまう。橋本治は煙に巻いているつもりはないのだけれど、人は彼の書いていることをじっと眺めていると、尾ひれをすべてとぐろを巻いた煙だと認識するので、見ているうちに目を回してしまうのだった。そして橋本治自身、そうなってしまうのを理解していた。

*

正当性は、論理によって獲得される。それを読んで、若い頃の僕は、自分もぜひ論理によって正当性を獲得しようと思うようになった。なぜなら、全くその通りだと思ったからだ。だから、橋本治がそのやり方で読者を助けているように、僕もやろう。それこそが、批評ということなのだ。

「なのだ」などと言っても、今ではすっかり「そうだよね」と言ってくれる人も減ってしまった。しかし批評とは、論理によって正当性を獲得する文章のやり方なのは間違いないのである。

だが面倒なことに、橋本治は日本の批評史の中に、位置づけられていない。少なくとも僕が仕事をしているフィールドで、橋本治が参照されることは少ない。言い換えれば今日、橋本治がやった、政治や経済、ハイカルチャー方面以外での仕事が、他から参照されることは難しい。皮肉なことのようだが、彼が全体の中で位置づけられていないことの根拠は、彼が唯一無二の存在であったと指摘するだけで十分なのである。

彼は輝かしい賞をいくつももらったし、文芸誌で連載もしていた。人気者でもあった。現代日本の巨大な知性として、多くの人がその言説に関心を持っていた。しかしもちろん、そんなことは彼が批評の界隈にいたという証左にならない。そもそも、今や、どこに場所として批評の舞台があるだろうか。あるいは、そんな場所に。

結局、橋本治は、何だか政治や経済や社会問題や日本文化みたいなものを、年相応という意味では真っ当に語る、評論家として認められただけである。僕は橋本治のやっていたことが批評だと理解しているので、そんないわゆる「評論家」みたいに彼が扱われることについては、憮然としてしまう。それに、彼が何だか政治や経済や社会問題や日本文化みたいなものを語っている時でも、かつての「何だかよくわからない」頃と全く同じ姿勢がそこにはあったのだ。しかし世の中というのはやっぱり不思議なもので、やっぱり「何だかよくわからない」人が「わかる」ことをやったところだけを抜き出して、なるほど、これなら「わかる」と、やっぱり、思いたいのだった。

そんなわけで、橋本治については、その思考のあり方とか姿勢ではなくて、語っている対象とか内容が「わかる」部分のみ、取り沙汰されるようになって、もうずいぶんになる。だが一体、なぜそんなことになったのだろうか。

＊

「101匹あんちゃん大行進」は、『週刊ヤングサンデー』（小学館）で好評だった連載「貧乏は正しい！」の終了直後から連載開始した。一九九六年初頭のことである。

内容は橋本治が得意とした、人生相談である。なぜ彼は人生相談を得意としたのか。それはやはり基本的に相談依頼者が書いてきたことを徹底的に読み解いてみせるという、彼の他の仕事と全く異ならない懇切丁寧さがあったからだ。つまり、それもまた彼の優しさに依るものだった。この連載は特に若い男性を対象としたものだったが、そんなことで何も違ったりはしない。

ただこの連載は題名とは裏腹に、「8匹め」で終了する。その理由は「今まで俺はテメエが何をほざこうとも包茎のたわごとだと思ってシカトしてきた」という文句から始まる、橋本治への罵倒文が寄せられたことによる。この罵倒には「テメエは童貞の上にホモか？」「反論がねえならワビを入れろ」と書いてあった。橋本治は次のように書いて連載を終了した。

僕は、もう二度と『ヤングサンデー』には出ないだろう。若者雑誌にも出ないだろう。「愚かな若者とは絶対に一緒にならない」と、三十年前、高校を卒業する時に誓った。やっと、それが今達成できる。

僕は死なない。でも、僕はもう、二度と君たちのいるところには姿を現さないだろう。今の僕には、生きて行ける場所がいくらでもある。

しかし、ここに書いてあるのは、今さら「若者なんてうんざりだ、もう撤退する」などという話ではない。なぜならこれは『ぼくたちの近代史』でも言っていたことのくりかえしで、橋本治は高校を卒業する時から、とっくに同級生にうんざりしていたのだ。それなのに彼は三〇年間ものあいだ、「別に私がやらなくてもいいけど」と思いながら、「だけど他にやる人がいないから仕方ない」「これをちゃんと書いておいてあげないといけないから」という気持ちで、若者に関わり続けていたのだ。その態度で彼は駒場祭のポスターを描き、『桃尻娘』を書き、『シンデレラボーイシンデレラガール』を書き、『ふしぎとぼくらはなにをしたらよいかの殺人事件』(徳間書店、一九八三)を書き、『青春つーのはなに?』(集英社、一九九一)を書き、『貧乏は正しい!』(小学館、一九九四)を書き、『'89』を書いたのだ。だから僕は、橋本治はよくよく、優しすぎるし、お人好しすぎると言うのだ。

愚かな人間はいろいろな意味で愚かだが、とりわけ愚かなのは他人が自分に優しくしてくれているのがわからないことだ。だから優しい人に対して「なるほど、つまりこいつは、自分よりも劣った人間なのだな」などと思う。そして平気で、包茎だのホモだのワビを入れろだのと言えるのだ。

*

もともと、この罵倒文は、直前の回に橋本治が行った人生相談を受けてのものだった。その相談は

「時には女子供に暴力を振るうことも許されるだろうか」というものだった。この相談に対して、橋本治は開口一番「あなたは危険な人ですね」と言う。なぜなら相談依頼者は、この質問によって、明らかに暴力によって勝ち、自らの正当性を獲得することを求めているからだ。戦いになってしまったら、もうこの結果は「勝者が善で、敗者は悪」というだけしかなくなる。相談者は、その単純さに近づこうとしている。橋本治は以下のように言う。

「人間は、〝みじめになる〟ということを回避しようとして、戦いの中であがく」——それを「いやだ」と思っても戦いに参加して行くし、あがいて戦いに勝とうとする。そして、「そこに明確なルールが存在しないということがはっきりした場合、人は戦いによって新しいルールを確立して行くものである」。そして、「〝戦い〟とは、なにも暴力によるものだけだとは限らない」。この三つのことだけは覚えておいてください。

ここに書かれていることとは、あと数年もたつと、テロの時代とか、新自由主義による競争とか、高見広春『バトル・ロワイアル』(太田出版、一九九九)とか、決断主義とか、酒井順子『負け犬の遠吠え』(講談社、二〇〇三)とか、アラブの春とか、ISとか、トランプ政権とか、ポピュリズムとかなんとかの形で、限りなく問題視されていくもの——今日の僕たちが直面しているあらゆる危険な闘争状態を先取りしている。一九九六年は、のちに宇野常寛が、戦わないから生きられない、引きこもりの思想があると言ったアニメ『新世紀エヴァンゲリオン』が流行した年だ。それと同時に「101

匹あんちゃん大行進」でも、若者が、戦って勝つしかないのだろうかと、絶望的な結論にたどり着こうとしていたわけである。

橋本治はそこで「何か変だ」と感じた。彼が問題視したのは、相談依頼者が暴力について質問しながら、暴力に対して、てんで無知であることだった。それで二週にわたってこの相談を取り上げる。橋本治は、相談依頼者はもしかして、いじめの被害者なのではないかと言う。暴力がどんなものか知らないのに、暴力は許されるだろうかと考えて、今から暴力に繰り出そうとするのは、為す術なく暴力に巻き込まれた結果、復讐心を抱いた人間しかいないだろう、と。

それで橋本治は、あなたのような人は暴力が許されるかと考えるよりも、そんなものに立ち向かうべきではない、逃げるべきだ、と言う。しかし「自分がおびやかされていることを理解しようとしない、自分の所属する社会」とは戦うべきだ、とも言う。つまり橋本治の話は、暴力を強いるような社会状況を変えていくべきだという結論へと着地する。「〝戦い〟に関するルールを知らないで、他人の暴力におびやかされているのは、やっぱり愚かだ」。

前述の罵倒文は、橋本治の、こうした言い方に対して難癖を付ける。「イジめられている人に対してのテメエの態度、ほざき方に許せねえ物を感じる」「俺にはテメエがいじめられている人達をなめているとしか思えねえ」と彼は言う。

この罵倒者は、橋本治が言っていることを全く理解していない。「いじめが悪いことなのであれば、いじめている奴を糾弾すべきだ。いじめられている人に寄り添うとはそういうことだ」。罵倒者が言いたいのは要するにこれである。しかしそれは別の暴力を生むということであり、暴力を生む社会そのものは決して変えない。罵倒者はそれがわかっていない。もしくは、わかっていてなお、自ら闘争の構図に乗っている。だから橋本治に対しても、当たり前のように暴力を行使できるのだ。

しかし、だったらもはや、罵倒者が悪いというのですらない。先ほども書いたように、そういう時代が、既に準備されつつあった。彼はその流れに乗っていただけだ。ひょっとして、あと少し遅かったら、おびえていた相談依頼者だって、この罵倒者のように荒くれ者になっていたかもしれない。いや、後には、実際にそうなったかもしれない。

それはわからない。ともかく橋本治は連載をやめてしまう。彼は、一二年前の自分だったら、この手紙の言うことに悩まされ、最終的に「もう疲れた」と言って死んでいただろう、と言っている。しかし彼はもう死んだりしない。橋本治は「長い間、こういう手紙が来るのを待っていた」と言って、「これはあきらかに、「ホモと呼ばれた男に対するいじめ」じゃないですか」と言う。つまりこの罵倒の手紙をもって「ほら、これがいじめの証拠だよ」と、わざわざみんなの前に広げてあげるわけだ。つまりこれは「いじめは明確に存在する。その証拠をこの場に引きずり出すことができてよかった。そして自分は、これに殺されたりせず、正々堂々、これをきっぱりと拒絶して、もう関わり合いにならないと宣言するんだ」ということを説明してあげる態度なのである。それをきちんと説明してあげながら、橋本治は連載をやめて去って行くのだ。あまりにも優しく、人がいい。

　私は作家をやめる気もありませんし、人生をやめる気もありません。ただ、ここには二度と姿を現しません。自分の生きてきた人生の質にかけて、このことだけは、〝権利〟として主張します。

残念ながら私は、蹴られれば「痛い」と思うし、人にツバを吐きかけられれば「悲しい」と思う、普通の人間です。誤解しないでほしい。

橋本治も俺たちと違わない矮小な人間なんだな、一般読者に対して脊髄反射的に怒ったりして、ケツの穴の小さいやつだ、などと語った人も、実際に存在する。その後は、人々がそういうおかしな感じ方をする時代になったのだから、いて当然である。また、橋本治の優しさやお人好しぶりが、こういういたましい結末を迎えたのだということもできる。彼自身が言うように、橋本治は普通の人間なのだ。優しい、お人好しだった。だからああいう仕事をしていた。それを人々は、何だか、殴っても血が出ない、全身鋼鉄の評論家か人生相談マシーンだと思ってしまって、こういう結果になった。

しかし僕はもう少し違ったことも考える。僕が見る限り、これは撤退ではない。「貧乏は正しい！」が金融資本主義以降の現代が孕む危険をさっさと指摘した連載であったとすれば、これはまた違う側面から、闘争が全面化する時代を予見し、それを拒絶した連載だったのだ。ただ人々はこんな場所でそんな重要なことが行われているとは思わない。だから、この連載については、橋本治のその他の仕事と同様に、「何だかよくわからない」ものとして、処理されてしまう。せいぜい、ある痛みの記憶としてのみ、処理されてしまう。橋本治はこの時、かわいそうだった、と。しかしその感じ方は正しくない。

次の時代を抉り出して、それを拒絶してしまえば、この連載でやることはもうない。だからこの連載はここで終わったのだ。その終わりは、おそるべき新時代を告げる鬨の声だった。

一九九六年以降に、僕が橋本治を、全ては、読んでいないのは、別にこの連載の結末がどうなったかとは、全く関係がない。しかしそれとは全く関係なく、僕はこの少しあとから、自分で長い文章を書くようになった。あれこれと雑多な分野について書いたが、何について書くにせよ、やっぱり僕は、正当性は、論理によって獲得されるのだと信じて、それをやり通す優しさとお人好しさを頑なに目指すようになっていた。

そしてそのやり方に立脚すれば、彼があの時、抉り出してみせた時代性が、一九九六年からその後ずっと続く一本の線として、目の前に現れるのだ。僕がそれに立ち向かい続けている限り、いつか悲しい思いをして、やっぱり「もうここには来ない」と言うことになるだろう。いや、既に何度か、いろんな場所でそんなことを言ってもいる。こんなふうに書くのは、自分を橋本治に重ね合わせて粋がっているわけではない。状況が全く良くないということなのだ。

橋本治が死んだとき、僕はちょうど『名探偵コナンと平成』という本を書いていた。「何だかよくわからない」題材を使って、おそるべき平成時代を総括しようとしたとき、もちろん僕は『'89』のことを考えていた。そしてやはり、一九九六年から続くものについても、思い返していた。こういう話をしても、そんな本を書いても、僕が何を言っているのかわからない人には、わからないだろう。僕はやっぱり「何だかよくわからない」書き手なのだ。まあしかし、あなたがこれを読んでどう思おうと、そんなこと僕には全く関係ないのだった。

I　時間／空間　「物語」と経験

そしてメンテは続く

二〇一六年一二月二二日、暮れも押し詰まったこの日に実装されたスマホ用のゲーム『Fate/Grand Order』（TYPE-MOON、二〇一五―）の当時の最終イベント「終局特異点 冠位時間神殿 ソロモン」では、何度も復活（リスポーン）する複数のボスキャラクターに対し、ログインしている全プレイヤーが同時に挑み、何百万回もの勝利を挙げなければならないというクリア条件が提示された。

こうした最終決戦は、サービス終了時に「世界の終わり」を演出してみせたオンラインゲーム、初期版『ファイナルファンタジーXIV』（スクウェア・エニックス、二〇一〇―二〇一二）のような例も思い起こさせる。しかし『Fate/Grand Order』が異なるのは、Twitterなどのネットインフラを通じて攻略情報をリアルタイムに共有したプレイヤーたちが驚異的な速度で攻略を進め、その話題が短期的に、しかし広くゲーム外部へと拡散されていったということだ。

運営サイドの思惑は、最後にふさわしい難関を用意したいというところであったろう。しかし倒すとレアアイテムが入手できるという噂の流れたものから順に、ボスは刈り尽くされていくことになる。運営サイドは慌ててクリアに必要な勝利回数を増やすなどの措置を行ったが、結局は累計で一二〇〇万回ボスが倒され、クリスマスにはこのイベントは決着することになった。

プレイヤーはこのイベント攻略を存分に楽しみ、終了後に表示されるサプライズ的なエピローグにも満足した。あるいは自分たちが何万回もボスを蹂躙するはこびになったことをネタ化した文章やイラスト、動画などを投稿した。しかしやがては「ありがとうＦＧＯ」として、同作を賞賛する投稿が、数多く積極的に行われた。

以下に記す内容はすべて、そこで何が起こっていたのかということについてである。

一　四つの分類、三つの相互作用

「サービスとしてのゲーム」、すなわちGaaS（Gaming as aService）というバズワードは、今日SaaS（Software as a Service）からの派生語として、クラウドゲーミングを指すために使われることが多い。SaaSとは、かつてならＡＳＰと呼ばれたような、インターネット経由で提供されるソフトウェアを表す言葉である。何を言っているのか全くわからないという人もいるかもしれないが、多くの人が使っているものを例に挙げつつ言うと、Google のメールサービスGmailなどのように、その本体がネット上にあって、サービスとして運営される種類のソフトウェアのことだと考えればいいだろう。SaaS という言い方が主流になったのは二〇〇〇年代後半に「クラウド」が流行語になったのと時を同じくしてＡＳＰのイメージが刷新された時期のことで、したがって SaaS というとクラウドコンピューティングのイメージがもれなく付いてくる。

より正確に言えば、SaaS は、クラウドコンピューティング全体の中でも、特にエンドユーザー向けソフトウェアをサービス提供する層に相当することになる。たとえばメール、たとえば会計、たとえば文書作成など。繰り返しになるが、GaaSとはその「エンドユーザー向けソフトウェア」がとりわけビデオゲームである際に使われるべき言葉である。ゆえに、ここではクラウドから提供されるゲーム、しばしばオンデマンド方式でストリーミング提供されるゲームがイメージされる。要するにこれら-aaSで表される語には、一貫してコンピュータ用語としての、つまりクライアント－サーバモデルを背景とした「サービス」という意味が込められている。

　にもかかわらず、私たちが今日触れているのは、「サービスとしてのゲーム」という言葉をもう少し素朴に、あるいはユーザーサイドから解釈したとしか言いようがないようなゲームの時代である。作品は発売されるよりもむしろ開始（ロンチ）され、ダウンロード配信が始まった日から長期的にその作品が存続されるよう、プレイヤーの支持を期待したあの手この手が画策される。内容には絶えず変更がかけられ、ブラッシュアップされ、またその目玉となるのは期間限定のセールやイベント、新要素の追加などである。つまりこれはユーザーから見てウェブ上のサイト、あるいはサービスのようなものだ。作品とは運営されるものになったというわけである。今やパッケージ販売されるソフトですら、のちに追加要素が用意されることによって継続的にゲームは拡張されていく。まして配信型のゲームであれば、なおさらである。

　ならば今日における「サービスとしてのゲーム」とは、前述したコンピュータ用語の意味を逸脱して、ごく平凡に、そのゲームが最大多数のプレイヤーから支持されて長期的に運営されること、まさしくゲームがプレイヤーにとって心地よいサービスとして運営されることが目指されているという意味に他ならない。では、それはいかにしてなされるのか。

今日的なMMO、つまり多人数プレイヤー型ネットワークゲームの嚆矢である『MUD（Multi-User Dungeon）』の開発者だったリチャード・バートルは、論文「HEARTS, CLUBS,DIAMONDS, SPADES: PLAYERS WHO SUIT MUDS」（一九九六）の中で同作のプレイヤーを四つに分類した。このバートル・テストは、いささかシンプルすぎるものの、しかしだからこそ、現在のネットワーク使用ゲーム、特にソーシャルゲームにもあてはめやすいものとしてよく援用されている。四分類とは次のようなものである。

アチーバー（achievers）…達成家。世界重視／主体的

エクスプローラー（explorers）…探検家。世界重視／相互的

ソーシャライザー（socialisers）…社交家。プレイヤー重視／相互的

キラー（killers）…殺し屋。プレイヤー重視／主体的

まずアチーバーはゲーム世界内でレベルを上げたりポイントを稼ぐこと、お金を儲けることなどにこだわる。しかし、それはあくまでも彼個人の欲求に基づいていて、他プレイヤーと競争したいとか協力したいという動機が強いわけではない。他プレイヤーと競い合うのは、そうしなければポイントが稼げない時だけである。

また、エクスプローラーもゲーム世界内を攻略することに関心を持っているが、どちらかというとゲーム世界全体を把握することを求める。また、そのためには、他プレイヤーと積極的に情報交換することも厭わない。

一方、ソーシャライザーは興味の方向性がゲーム世界よりも他プレイヤーに向けられていて、ゲーム内コミュニティで交流することを楽しむ。このような態度は攻略や競争に積極的な他プレイヤーから違和感をもって迎えられることがある。

そして最後にキラーだが、こちらも他プレイヤーに関心を向けている。しかし彼らが重視しているのは自分が他プレイヤーを蹴落とすこと、あるいは蹂躙することである。他プレイヤーに対しては「死ね!」「臆病者!」など、ごく短い言葉を発するだけで、親密な関係になろうという態度はさほど見せない。

前述のように、これらの類型は九〇年代半ばに提示されたもので、単純化されすぎているきらいがある。だから今日の様々なゲームに当てはめてみても、あまり得るものはないかもしれない。ただバートル・テストの重要さとは、これらの分類が妥当なものかどうかというところにはない。より注目したいのはバートルが、この四種類のプレイヤー群はそれぞれに対立しながらひとつのゲーム作品のコミュニティを成り立たせ、彼らの動向がゲーム運営の方針に大きな影響を与えていくとしていることだ。

つまりバートルは、たとえばキラーが駆逐されるような状況は想定していない。むしろ彼らもゲームコミュニティを成り立たせているプレイヤーの一部として立場を与え続けるべきだと考えていることになる。四分類のそれぞれに属するプレイヤーが、勢力を拡大したり他のプレイヤー群をうとましく思ったりしながらも、納得してゲームを続けることができる。バートル・テストで重要なのはそれを指摘していることだ。運営サイドは、そのような状態を作り出すべく日々ゲームに手を加えていく必要がある。すなわちこれは、プレイヤーコミュニティのバランスコントロール、顧客満足度の維持向上なのだ。少なくともMMOを例に取れば、サービスとしてゲームを「運営する」ということの内実はそれである。

まとめると、サービスとしてのゲームには三種類の相互作用が発生している。まずプレイヤー同士の相互作用がある。続いてプレイヤー群同士の相互作用。そして、プレイヤー群全体と運営サイドとの相互作用も存在している。

この相互作用の三つ目は、四分類で言えばソーシャライザー指向な楽しみとして提供されるゲーム外のゲーム、ゲームがどうあるべきか議論するゲーム、メタゲームであるということができる。テーブルトークRPGのゲームマスターがゲームの一員であるように、リアルタイムに生成されていくサービスとしてのゲームにおいては、運営サイドもまたゲームの中にいるのである。次の例を思い出そう。ソーシャルゲームのサーバメンテナンスがあまりに頻繁であり、かつ延長を繰り返すことを揶揄し、ネットのユーザーが寺沢武一の漫画『コブラ』のワンシーンを切り取り、セリフを改変した次のようなブラックジョークを作り出した。

「あと数分でメンテが明ける」
「メンテが明けるとどうなる?」
「知らんのか メンテが始まる」

このジョークはもともと『艦隊これくしょん―艦これ―』(DMM.com、二〇一三―)のために作られたようだが、後には『Fate/Grand Order』をはじめ多くのゲームのプレイヤーに共有されて親しまれるようになった。むろんそこには運営に対する批判的な態度表明があるものの、キラーが他プレイヤーを貶めることをゲームの楽しみとして見出していたように、運営サイドに批判を繰り広げることもゲームの一部として楽しまれていると言っていいだろう。つまり、運営サイドもまたプレイヤーとしてこのゲームに巻き込まれているということになる。急いで付け加えておくと、こうした批判の有り様はもちろん運営サイドの望むものではないだろう。しかしゲームが改変不能なパッケージ作品として送り出されるのではなくサービスとして運営される時代には、運営サイドはプレイヤーたちと相互作用を担う立場にならざるを得ない。その意味で彼らは既に彼ら自身の管理できないソーシャライザー指向なメタゲームの中にいるのである。

しかしバートル・テストがMMOの嚆矢たる『MUD』について語るために作られたことからもわかるように、右記の話はMMO全般について言えることである。つまり、バートル・テストは今日のソーシャルゲームを解説するのに使われることもあるが、だからといってすなわちソーシャルゲームに固有の特徴をうまく語れているとは言えない。たとえば、前述したようなプレイヤー同士の、あるいはプレイヤーと運営サイドとの相互作用にしても、ソーシャルゲーム全盛の時代になって生まれたものではない。

しかも僕は先ほど「少なくともＭＭＯを例に取れば」と書いたが、昨今のソーシャルゲームは大多数がＭＭＯに該当してしまう。言い換えれば今日のソーシャルゲームはみんなＭＭＯ的なオンラインゲームである。だからソシャゲなどと言っているが要するにあれはネトゲであり、何も新しくはないなどという、昨今ゲームに限らずあらゆる分野で蔓延している「同じものは昔からあった」式の過小評価もまかり通るはずだ。

2　スマホゲームという呼称

しかし、ここまで説明して、ようやく私たちは「ソーシャルゲーム」というバズワードの意味するところを考えられる段階になったと言える。これはもともとソーシャルネットワークサービス（ＳＮＳ）上の人間関係を利用して遊ばれる類のゲームを表していた言葉である。日本でポピュラーになったものとしては、mixi 上でプレイすることができた牧場運営シミュレーション『サンシャイン牧場』(Rekoo、二〇〇九―二〇一六）などがあるだろうし、その他 GREE やモバゲー（モバゲータウン）の人気を牽引したタイトルがこれにあたる。さらにスマートフォン（スマホ）向けで人気となったものとしては『LINE POP』（二〇一二―）をはじめとする LINE 用ゲームなどを挙げることができよう。

そもそも狭義のソーシャルゲームとは、SNSコミュニティ内部に用意されたおまけ要素に過ぎないものだ。おまけゲームの充実は一時期、SNSのユーザー増の起爆剤として注目を浴びたが、つまり主役として考えられているのはあくまでもSNSだったわけだ。ゲーム側からすれば、SNSユーザー全体を潜在的なプレイヤーとして利用でき、爆発的な人気が期待できる作品という言い方もできようが、それをゲームそのものの美点や革新として語ることができるとは言いがたい。

それゆえに、狭義のソーシャルゲームの評価はおしなべて低くなりがちであったし、実際にゲームとしての高度さが求められないことも多かった。今日では内容の高度化したゲームも増え、SNSよりもゲームそのものに価値が置かれる場合も多くなったが、それはたとえば『モンスターストライク』(mixi、二〇一五―)のように、あくまで後の話である。

にもかかわらず、ソーシャルゲームという言葉は早くからゲームの新しい潮流として認められ、その意味を大きく拡張されて人口に膾炙している。たとえば『ポケモンGO』(Niantic、二〇一六―)は、特定のSNSと連携しているアプリではない。したがってこれをソーシャルゲームの範疇で捉えるのは、本来は誤りである。あるいは『パズル&ドラゴンズ』(ガンホー、二〇一二―)も同様である。同作のゲームシステムに鑑みて言うと、これはMMOあるいはMO(Multiplayer Online)的な要素を持っているというだけのことだ。にもかかわらず、プレイヤーはこれらのゲームのことをしばしば「ソーシャルゲーム」と呼ぶ。

とりわけ後者の例で言えば、『パズドラ』の運営サイドは同作をソーシャルゲームの一種として語られるのを嫌っており、折に付け掲載メディアに対して「スマホゲーム」などの言い換えを要求している。右に述べたようにこのゲームは狭義のソーシャルゲームにはあたらないのだから、その茶々の入れ方は間違ってはいない。ことに、同作が登場した二〇一二年はちょうど「コンプガチャ」方式に代表される悪質な課金システムなどによって「ソーシャルゲーム」全体が悪質なものと見なされることが多かった。無料でプレイできることを前提としたフリーミアムな課金システムや、マルチユーザー要素がゲーム序盤にはさほど重要でないゲームバランスなど、当時としては目新しかった設計が採られた同作からしてみれば、従来の意味での「ソーシャルゲーム」と区別して捉えてほしかったのは当然かもしれない。

繰り返すがその選択は正しい。ガンホーは自ら「ソーシャルゲーム」のイメージを改善させるよりも、単純に「スマホゲーム」と言い換えることを選んだのだ。しかし人々がそれを了承することで、『パズドラ』もその一翼を担う昨今のシーンが「ソーシャルゲームの時代」ではなく「スマホゲームの時代」として捉えられるとしたら、そこには大きな問題があると言わざるを得ない。

なぜそう言えるのか。むろん、今日もっとも普及しているゲーミングプラットフォームがスマホなのは疑う余地がない。そういう意味では今はスマホゲームの時代だと言ってもいいだろう。しかし、その言い方は単にプラットフォームの覇権に注目したもので、つまりは「今はプレステの時代だ」「セガの時代だ」などと言っているのと大差ない。あるいはまた八〇年代にビデオゲームが世界的な流行を見せたとき、老人たちが十把一絡げにそれを「ファミコン」と呼んでみせたのと同じである。

右の意見について、次のような反論が可能である。そうは言ってもスマホでのプレイ体験がユーザーから好評を博した結果がこの活況なのだから、今をスマホゲームの時代だと呼ぶことは間違ってはいないのではないか。たとえば『パズドラ』にしても指先で画面をなぞっていく直感的な操作がゲームとして優れたアイデアであることは間違いない。あるいはスマホが携帯型であるがゆえに、一セッションが一〇分程度で完結する新しいゲームの潮流が生まれている。さらにはいつどこでも起動できる高速な通信デバイスであるために、オンラインプレイの概念を更新するに至った。そのようなゲーミングプラットフォームとしての特性によって、スマホゲームの時代を捉えることはできそうである。

再反論しよう。第一に、右のような意見は今日広く遊ばれているゲームの中でも、スマホによらないもののことを小さく見積もりすぎである。たとえばパソコンのウェブブラウザ用ゲームとして爆発的なヒット作となった『艦これ』のことは無視しなければならなくなる。第二にスマホ用で人気となっているゲームであっても、フリック操作などスマホならではの特性を活かしていないタイトルについては、結局のところ単に動作環境がスマホだという理由で「スマホゲーム」の範疇に含めることになるだろう。

第三に、あまりにスマホの新奇性を強調すれば、昨今のゲームでよりスタンダードとなっている条件を見逃してしまう。たとえば『ポケモンGO』や『パズドラ』のMMOあるいはMO的な要素は特に語るべきものではないとされてしまうに違いない。または、そうした要素はスマホだからこそ発展したという言い方をしてしまう。先ほど記したように、僕はこれらのゲームの活況が単純に先行するオンラインゲームの延長線上にあり、特筆すべきではないと考えているわけではない。しかし現在なお広がり続けている環境変動について、プラットフォームの更新や「スマホゲーム」という言い換えを契機にして安易に片付いたことにしてよいというわけではないだろう。

そして第四に、僕がもっとも強調したいのは、それでもソーシャルゲームという言葉が残り続け、むしろその意味を勝手に拡張され続けていることについて考えるべきだということである。『ポケモンGO』や『パズドラ』がソーシャルゲームと呼ばれることは本来からすれば明らかに間違っている。しかしたとえば雑誌がゲームを特集するにあたっては、いまだに「スマホゲーム」ではなく「ソーシャルゲーム」という言葉がしばしば誌面に現れるのである。

3　拡張と連続

ヴィトゲンシュタインが述べたように、言葉の意味とはその使用である。したがってソーシャルゲームという語の本来の意味について今さらこれを説明しても、何某かを述べたことにはならない。しかし、その言葉が使用される理由には意味がある。私たちが考えねばならないのは、それでもなお『ポケモンGO』がMMOでもなくスマホゲームでもなく、ソーシャルゲーム、ソシャゲとして語られる意味である。すなわち、私たちがいまゲームにおいて「ソーシャル」だと考えている条件とは、一体何なのか。

たとえばゲームが現実の社会性、とりわけ人間関係と強く結びつく形でデザインされている場合に、この言葉が使われている可能性はあるだろう。ならば『ポケモンGO』をはじめとするARゲームやスマホのGPS機能を利用した位置ゲーの類は、大半がソーシャルゲームとしての要素を持っているか、またはそのように発展する可能性がある。ゲーム以外のメディア展開や現実空間への仕掛けも含めたすべてが「ゲーム」として展開されるARGなども同様である。これは「ソーシャル」という言葉が単に社会性を指すものとして素朴に捉え直されたということで、本稿の冒頭に記した「サービス」という言葉の見直され方に重なるものがある。

別の言い方をすると、原義としてのソーシャルゲーム、すなわちSNSの支援があって参入障壁を下げたオンラインゲームが、SNSなくして現実の社会性を反映する形で成り立ったものがこうしたタイトルであると言うことができる。ただし注意すべきなのは、これはたとえば古典的なパーティーゲームや対戦ゲームのように、単に現実での人間関係を促進するものを指すというわけではない。そうではなくて、ここで想定されているのは現実の事例がゲーム内に影響したり、逆にゲームで起きたことを現実へ反映させるような設計があらかじめ行われているようなゲームのことである。その意味では、おそらく『#denkimeter』（井上明人、二〇一一）や体重管理ゲームのようなゲーミフィケーションを試みるタイトルも範疇に入ってくるだろう。

ただ、この整理には少々ひっかかるものがある。なぜなら現在ソーシャルゲームとして流通しているタイトルは、さほどに現実的な社会性や人間関係を採り入れているものばかりではないからだ。懸念されるのは、従来的なオンラインゲームのことを新規のプレイヤーたちがソーシャルゲームと呼んでいるだけだという可能性もありうることだ。スマホという新しいデバイスに後押しされて、あるいは『パズドラ』などが達成したゲームシステムの整備によって、あまりゲームに馴染みがない層でもオンラインゲームが抵抗なく遊べるものになったからこそ、用語はルーズに運用される。ちょうどASPがクラウドの支援を受けつつSaaSと屋号を変えたように、過去の「ネトゲ」は「ソシャゲ」と呼ばれるようになるのではないか。

原義としてのソーシャルゲーム、すなわちSNSの支援があって参入障壁を下げたオンラインゲームが、SNSサービスを取り外しても成り立つようになったが、言葉だけは残った、と言ってもいい。ならば、ここで言うソーシャルゲームとは既にオンラインゲーム全般を指すはずだ。そして「ソーシャル」という言葉は単純にゲームによって提供される社会性だけを指すことになる。先に挙げた、バートル・テストから導き出される三つの相互作用がこれにあたる。この相互作用が求められているということは、結局のところ人々がゲームについて、今まさにこれを他人と共有しているということ、すなわち共時性を求めているという意味でもある。

しかし、ならば僕はここで三番目の可能性について考えたい。気になるのは、先ほども少しだけ触れた『艦これ』がソーシャルゲームなのかどうか、ということである。この海戦ゲームは一応マルチプレイヤー要素を実装していて、演習のために出撃すると、自動的に選出された他プレイヤーの艦隊と戦闘を行い、勝利すると自軍の艦隊を成長させることができる。

だが、それ以外に他プレイヤーとコミュニケーションする要素は長らく存在しなかった。「友軍艦隊」という項目が初期からトップメニューに用意されていたが、運営サイドは明らかに「ソーシャル」な機能を示すこのメニューの扱いについては消極的な対応を続けて、ほとんど放置状態のまま機能としては実装しなかったのである。また、同作のもともとの仕組みゆえのことだが、演習や友軍を使用した戦闘とは結局のところ他プレイヤーがリアルタイムに操作するものではなく、そのプレイヤーのユーザーデータをゲーム側が勝手に使用して自動戦闘が行われるだけである。データを使用されたプレイヤーは、どんなプレイヤーと戦闘を行ったか碌に知ることもない。

つまり『艦これ』は原義から考えると全くソーシャルゲームではない。にもかかわらず、なお『艦これ』はソーシャルゲーム的な発展を見せたゲームなのだ。どういうことだろうか。そもそも同作のシステムはさほど取っつきやすいものではない。また序盤の難易度もそれなりに高く設定されているが、プレイヤーはWikiやTwitter、掲示板などでの情報交換を通してゲーム攻略に挑んでいるし、あるいはゲーム内ではあまり明確に説明されることのないキャラクター設定や世界観に親しんでいる。また近年では公式サイドもTwitter等を通じた新着情報の配信に積極的で、プレイヤーへのアナウンス手段として即時性の高いSNSが使われることは常態化している。

より正確に言えば、運営サイドはユーザーがTwitterなどをが使うことを見越して、あるいはそれを追認する形で、このようなピーキーな難易度やあまり語られない世界設定をバランスしているということになる。僕はこうしたタイトルこそが、いまソーシャルゲームとして想定されているものに違いないと考える。それは、ゲーム内で使用が指示されていようといなかろうと、既存のネットコミュニケーションインフラの支援を前提としてデザインされたゲームである。

このような捉え方をすれば、ひとつには、今やあらゆるゲームがソーシャルゲームとしてデザイン

されうることになる。さすれば「スマホゲーム」などのプラットフォームばかりを強調する呼称から
ついにゲームを解放し、今日的なヒット作のデザインのあり方について考え直すことができる。
しかし、それは些細なことかもしれない。より重要なのは次のようなことである。このような整理
によって、ソーシャルゲームという言葉は『ひぐらしのなく頃に』(07th Expansion、二〇〇二―二〇〇六)
あたりの掲示板やホームページを中心としたコミュニティでの議論から始まって、mixiなど初期のS
NSと密接に機能連携した二〇〇〇年代中盤以降、そしてネイティブアプリ化したスマホゲームを筆
頭に、即時性の高い大規模SNSの存在に依存した現在の状況までを連続的に語れるようになるだろ
う。それは濱野智史が『アーキテクチャの生態系』(NTT出版、二〇〇八)で提示したネットアーキテ
クチャ発展の過程と歩調を合わせたものとしてゲームを語りつつ、その次の時代まで射程に収めうる。
それは歴史化するということである。歴史とは切断から連続を紡ぎ出して語るものであり、その逆
ではない。ソーシャルゲームという言葉は残った。目まぐるしく変化を繰り返すゲームの状況の中に
あって、意味を拡張されながら連続した。続くものになった。そのおかげで僕たちは歴史を描き出し、
時代が求めているものを見出すことができる。

「現場」の「現在」

―

グラフィックデザイナーなど多方面での活躍で知られる宇川直宏が代表を務める「DOMMUNE」は、今日本において最も知名度の高いライブストリーミングコンテンツの一つである。配信は二〇一〇年の三月から開始され、ほとんど毎日行われている。番組では国内外の高名なアーティストがDJプレイを披露するほか、ジャズミュージシャンの菊地成孔や大谷能生がレギュラーのトーク番組を持ったり、村崎百郎が刺殺された折には真っ先に追悼番組を放送するなど、日本のサブカルチャーシーンに親和性の高い内容が数多く配信されている。二〇一九年末に移転するまで、配信が行われていたのは東京・渋谷にある小さなスタジオ兼クラブで、五〇人も入れば満員になってしまう小さなスペースだった。ダンスフロアとして十分とは言い難い広さだが、ネット配信に比重が置かれているDOMMUNEにとっては大きな問題ではなかった。実際、視聴者は常に千人単位に上り、二〇一〇年一一月の配信で既に同時視聴者数は二万人を突破していた。こうしたDOMMUNEの盛況ぶりについて、音楽ライターとして知られる磯部涼は二〇一〇年に「音楽の現場はどこにある?」と題されたコラムで次のように書いた。[*1]

当然、毎回、会場内の盛り上がりはかなりのものになるのだが、DOMMUNEという新たな試みが話題になったのは、それよりも、数千人（潜在的には数万人）が、Ｕｓｔと、そこにコメント欄として設置されたtwitterを通して、一体感を体験するという前代未聞の現象にあるだろう。

（…）

そんな〝現場〟を体験したＤＪのQ'HEYが、自身のblogに綴ったDOMMUNEの感想が興味深い。彼がプレイした3月30日は会場は満員、リアルタイム・ヴューワー数は３５００人だったのだが、終了直後、友人から「どうだった？　50人のクラブでプレイした感じだった？　３５００人のクラブだった？」と訊かれ、Q'HEYは以下のように答えたという。

「いい質問です。現場でプレイしてる感覚で言えば、そりゃ50人のクラブですよ。目の前にいるのが50人である以上は、ブースにいて直に受け取れる熱も50人のものであって、３５００人の大箱でのプレイではなかった。情報としては３５００人見てるって聞かされても、それが実際にこちらから見えてるわけじゃないんで。でも単に50人の小箱でやってたのとは全く違う感覚。言うなれば〝３５００人の小箱〟でのプレイだったたって感じ」

（「FLYING COW - DJ Q'HEY blog」より）

説明するまでもなく、〝3500人の小箱〟というのはリアルにはあり得ない存在だ。それは、ネット上にしか存在しない。要するに、DOMMUNEの〝現場〟とは、会場で体験するにせよ、ネットを通して体験するにせよ、リアルとヴァーチャルが入り交じったものになってしまうのだ。

「リアルにはあり得ない」などの表現に表れているが、この引用部分だけでなく、磯部の文章には、DOMMUNEの面白さについて説明しようとして、しかし説明しきれない、何かがどうしてもつかみきれないという気持ちが率直に表現されている。これは評価に値するがしかし、なぜ説明しきれないのだろうか。

この文章は日本のクラブミュージックシーンが長きに亘って語り継いできた〈現場〉という特殊な用語を巡って展開されている。クラブカルチャーの価値体系の大本を〈現場〉が司るという考え方は日本独特のものであり、文化人類学者のイアン・コンドリーは、まさにこの用語に注目した著書『日本のヒップホップ――文化グローバリゼーションの〈現場〉』（NTT出版、二〇〇九）で次のように書いている。

〈現場〉という言葉は「現われ（appear）」と「場（place）」という漢字で書かれている。この単語は、「何かが実際に起こり現われ、もしくは作り出される場所」を喚起する。時に〈現場〉は、例えば、交通事故や犯罪の場面といった、何か悪いことが起こる場所をも意味する。また、この単語は、何かが生み出される場所を言い表す際にも使われる。アニメスタジオ、映画のロケ地、建築現場、レ

> コーディング・スタジオなどである。ヒップホップがパフォーマンスされるクラブに言及するために〈現場〉という単語を使うことによって、「シーン」を作るという点への関心を引き出せる。
>
> （…）
>
> ラッパーが〈現場〉としてのクラブの重要性を強調するとき、彼らは一般的に感受性の高いファンの目前でおこなわれるステージ上のパフォーマンスに基づいて威信（オーソリティ）を示している。クラブは、価値を決定する他の文脈以上に、重要な本拠地だと考えられている。
>
> （一五〇—一五一頁）

コンドリーが注目したのはとりわけヒップホップについてだが、日本のクラブカルチャーは全般に同様の価値観を持って〈現場〉がムーブメントを生み、シーンを牽引しているとし、リスナーたちがクラブなどに出向いて〈現場〉を共にすることが、すなわち同ジャンルにおいて認められるべき価値を共有することと同義であるとされた。この考え方はゼロ年代から他ジャンルにも流入が進み、現在では女性アイドルのファンなどにも〈現場〉という用語が広く定着している。

ライターとして日本のヒップホップシーンを長く取材してきた磯部が〈現場〉という言葉を軸にDOMMUNEを語るのは、半ば必然的とも言える。しかしそれゆえに、磯部の表現は「3500人の小箱」「リアルとヴァーチャルが入り交じったもの」のようにわかりにくいものになってしまう。DOMMUNEが生んだコミュニティとは、〈現場〉に限りなく近い存在に見えながらも現実には五〇人しかいない場所であり、そこだけではほとんど何も起きていない。コンドリーの定義を見ればわかるように、通例〈現場〉という言葉は、それがクラブであったりレコーディングスタジオであったりと場所を変えながらも、価値創出の根幹であることがまずは第一義とされていた。だがここで重要なのは、いずれにせよそれは何らかの空間を持った場所であったということである。ところがDOMMUNEの場合、それがまさしく「何かを生み出している」結果として現れたはずの三五〇〇人というオーディエンスがどこにいるかというと、どこにもいない。めいめいがばらばらに、世界のあちこちで動画を視聴しているだけなのだ。彼らは各人にとっては集団ではなく、言ってみれば三五〇〇人ですらない。逆に言えば、DOMMUNEのスタッフや出演者、そしてオーディエンスが、今こそ何かが生み出されていると実感できるのは、チャットに書き込みが大量に寄せられた時か、Twitterのトレンドワードに DOMMUNEの話題が表示されたときか、もっと言えば三五〇〇人という視聴者数のカウンタを見た時だけなのである。

このように空間を持たないままに「何かを生み出している」ものは、従来の〈現場〉という概念の範疇にはない。そもそも〈現場〉というのは何らかの空間であることが前提であったためである。DOMMUNEは一見すると五〇〇人のクラブが生み出した何かのようでありながら、しかしその〈現場〉としての内実を突き詰めてしまうと、空間性を完全に失ってしまう。だから磯部はその盛況に新しい時代を的確に感じながらも、「3500人の小箱」「リアルとヴァーチャルが入り交じったもの」というあくまで空間的な表現を用いようとして、説明しあぐねたのである。おそらく彼の反応は、日本のクラブカルチャーが培った〈現場〉と、新世代のウェブサービスの作り出すソーシャルネットワークとしての〈現場〉のクロスポイントを表現しようとした者の言葉として、最も誠実で正確なものである。

だがここで我々が今一度確認すべきなのは、〈現場〉という用語がどのように成り立っていたのかということである。それはまず、何らかの場所を指している。しかしそれはどこでも構わないのであった。コンドリーは次のように述べている。「むしろ私たちが注目すべきなのは、どのように日本人性と黒人性とがさまざまなグループ（アンダーグラウンド、人気があるものなど）によって、さまざまな場所（小さなクラブ、大きなスタジアムなど）でパフォーマンスされているのかという点なのである」（前掲書、一五〇頁）。これは理念よりも場所が重要なのだと説くようでありながら、理念を携えていれば場所は問わないということを意味してしまっている。この説明は日本のクラブカルチャーが培った〈現場〉という概念を表すものとして非常に優れたものだ。具体的な何らかの空間を指し示しているようでありながら、実際には理念のほうが支持されている。そしてその理念ははっきりと示されず、改めて語るには膨大な言葉が必要とされるのである。具体的な空間を表す単語として持ち出されながら、それは未規定的な理念を代入するための、まさにサイファー[*2]として機能しているのである。動画ストリーミングという情報技術は、近代的なメディアアートが見せる振る舞いのように〈現場〉の神秘化された側面を暴き出している。

2

しかし、次のような反論が可能である。たしかに、三五〇〇人が集った場所としてDOMMUNEは存在しない。しかし場所が特定できないにせよ、三五〇〇人が一箇所にアクセスしたという事実は存在する。それは言い換えれば三五〇〇人が集まったと言ってもいいのではないか。例えば磯部も述べていたバーチャルな空間、いわばサイバースペースという〈現場〉に人々が集まったのだと。

僕はこの考え方に賛同できない。理由は三点ある。最大の問題として、空間としてのサイバースペースは現在のところ単に存在しない。SF的な想像力によって空間的な奥行きを夢想されることもあるが、それは単に人間にとってわかりやすいモデルというだけであり、整備したところでむしろ技術としてのインターネットの実像とは限りなくかけ離れていく。

第二に、一般的にインターネット上で多数の人物とやり取りする場合、専らサーバを介してコミュニケーションをすることが原則となる。これは掲示板の例が最もわかりやすいだろう。サーバ上に掲示板が存在して、各ユーザーが書き込みを行う。しかしその時、各ユーザーがやっていることはつまり互いに自分がいた記録をサーバに残し合っているだけなのである。だからどんなに他人とリアルタイムなコミュニケーションが行えているように感じたとしても、あなたが見ているのは常に他人の姿や言動そのものではなく、その人がサーバに残した痕跡だけである。これは掲示板に限らず、チャットであろうとTwitterであろうとニコニコ生放送であろうと同じだ。そもそも我々は自分の目の前にある端末の前から一歩も動いていない。ごく短い期間に複数の人間が同じ場所に残したサーバ上の記録を見ることで、同じ空間を共にしているかのような錯覚を味わっているだけである。そこで安易に身体が拡張されて遠い場所で誰かと出会ったかのような比喩を用いるのは正確ではない。

そして三つ目の理由は、単に三五〇〇人が同じものを共有しているかどうかが疑わしいからである。

というのも、DOMMUNEを視聴する時、我々はあらゆる日常の中でそれを行うことができる。熱心にモニタに貼り付いてTwitterから感想コメントを投稿してもいいし、自宅の部屋の中で踊ってもいいが、しかし画面を見ずに音楽だけを楽しんでも構わない。むろん高級なスピーカーで大きな音で楽しんでもいいし、ヘッドフォンで聴いても、スマホで視聴してもいい。また本を読んだり料理をしながら聴いている人もいるだろう。場合によってはサイトを開いていても仕事に熱中していて全く視聴していないとか、パソコンを起動したまま寝ている人もいるに違いない。さらにシステム的にありえそうなこととして、既にオフラインになっているにもかかわらずゾンビプロセスが残ったユーザーだって何人かいるのかもしれない。それだけ多様なユーザーについて、ただ三五〇〇人という数字だけを頼りに同じものを共有していると言い切るのは、いささか心許ない。逆に言えば、前述したように、だからこそ三五〇〇人というカウンタの数字のみが〈現場〉の存在を実感させるものとなるのである。

整理すると、ソーシャル的なサービスが生み出したコミュニティは空間性を持たないがゆえに従来的なクラブカルチャーの〈現場〉と本質が異なる。それを近しいものとして感じるのは我々がインターネットに対して持つ錯覚に負うところが大きい。

しかし以上の内容について、DOMMUNEを運営する宇川直宏が気づいていなかったわけではない。宇川はDOMMUNEについて次のように述べている。[*3]

DOMMUNEは現場（スタジオ）に実際訪れるオーディエンスの身体的なコミュニケーションと、その現場をラップトップから覗き見るビューワー達のヴァーチャルなWEB上での意識交流を核としたものです。そういったソーシャルな入れ子構造の共同体、またはそれを通じて連帯した意識体、この共時性を伴った実態こそがDOMMUNEです。

SNSが広まりだした05年頃から、日常会話にあまり登場しなかった『コミュニティ』という言葉や概念が急速に広がりましたよね？　でもSNSでのコミュニケーションは僕にとって希薄に感じた。ここに足りないものは「身体」だと気づいたんです。もちろん既にオフ会とかは存在していましたが、そんな合同お見合いみたいな会合にどのツラ下げて出ればいいのか？　そのツラガマエが整わなかったことと（笑）、オンラインに対してのオフライン＝『現実世界での交流』としているその発想に中指を立てたかったからです。

そしてすぐ僕は06年にオフィスをクラブに改良して、ダンスを通じてフィジカルな人間の交流を復権させようと考えた。それが06年から08年まで渋谷で運営していた『Mixrooffice』というオフィス兼クラブです。これがDOMMUNEの母体ですね。

ここで宇川が言うSNSの「身体性」の欠如とは、物理性、すなわち空間の欠如に直結する。つまり彼はソーシャルネットワークが空間性を持たないことを知ったからこそ、強固な身体性を持ったコミュニティ、すなわちクラブカルチャー的な〈現場〉とマッシュアップさせることでネットのコミュニティに空間性を創出しようとしたのだ。彼のやったことはいわばソーシャルネットワークの再魔術化である。つまり、おそらく宇川はインターネットに対して我々の持つ錯覚についても十全に理解した上で、それを利用すればこの疑似的な〈現場〉を立ち上げることが可能だと考えたはずで、その的確な洞察によってDOMMUNEは大人気コンテンツとなるに至ったのだ。

しかしここに我々の錯覚を利用したマジックが絡んでいるがゆえに、結果として改めてDOMMUNEについて語ろうとすると、「バーチャル」などの曖昧な表現やカウンタの数字などを並べることしかできなくなる。ならばDOMMUNEは単にクラブカルチャー的な〈現場〉をソーシャルネットワークへとトリッキーに転用しただけだったのだろうか。先に挙げた磯部もコラムの中で、クラブカルチャーが掲げてきた〈現場〉という題目が一体感という共同幻想だと認めた上で、「レコードが誕生して以降、膨らみ続けてきたその〝幻想〟は、今、新たな〝幻想〟に取って変わられようとしているのかもしれない」と語っている。共同幻想からバーチャルへ。いずれにせよ我々は実際には存在していない〈現場〉を共有したような錯覚を得ていただけだったのだろうか。

ただ僕はここで、そもそも〈現場〉という言葉が当初から持たされていた空間的な含意に違和感を覚える。たとえばクラブに出向いた場合、自分とその他のオーディエンスや出演者は同じ室内を共有していると言うことができる。だが、そこで彼らが自分と同じ場所で同じものを見聴きしていることはあり得ない。同じ室内に存在していても、究極的には二人の人間が空間的に完全に同じ位置にとどまることは不可能だし、様々な条件により音楽の聞こえ方だって各人で異なるのだ。また、自分がバーでビールを頼んだりトイレに行っている間に、ダンスフロアでは何か面白いことが起こっているのかもしれない。実はこのことは、DOMMUNEがリスナー各人が異なった視聴スタイルをとることを許してしまうことと全く重なっている。つまり私たちはクラブに出向こうとも、生配信番組を視聴しようとも、等しく空間的な〈現場〉など共有してはいないのである。ただクラブの方が五感に訴えられることで他人と同調しやすく、またネットのほうがその魔術を暴いて示しやすいというだけなのだ。

したがって便宜上〈現場〉という用語は残すとして、それが尊重していた空間性は退けねばならない。しかし具体的な空間を持たない以上〈現場〉とは中身のない言葉であり、我々は何かを共有しているわけではなかったと言えるのだろうか。むろんそうではない。先のインタビューで宇川はやはり空間的な〈現場〉を重視した発言を繰り返しているが、一箇所だけ、かろうじて「この共時性を伴った実態」と述べている部分がある。つまり、空間を措いても共有されるもの、それは時間なのだ。

3

Twitterについて考えよう。Twitterはほとんどウェブそのものをパロディにしたような作りになっていて、それゆえ動画配信サービス以上にインターネット特有の錯覚を与えやすいものである。具体的に説明しよう。Twitterの最大の特徴は、ユーザー同士のフォローと被フォローの状況によって、自分が見ているのと全く同じタイムラインを他人は絶対に見ていないということである。我々はしばしば「最近Twitterであれこれという話題が大人気になっている」などと感じて人に言ったりもするが、それは間違いであり、その話題どころか、自分の知っていることがが全く語られないタイムラインも無数に存在する。しかし、ユーザーは自分のタイムライン上が一つの話題で溢れかえると、もうその話題が世の中を席巻したようにすら感じてしまう。そういう錯覚を与えるのがTwitterである（そしてインターネットである）。したがって、実はTwitterにおいて、各ユーザーは他のユーザーと何物をも共有していない。本当は誰もが、他人が自分と同じものは見ていないことを受け入れながら他人に話しかけているのである。我々はTwitterで緩やかに繋がってなどいない。むしろ繋がっていないからこそ、ユーザーは何か共有できるものを探そうとする。それが時間である。

かつてTwitterの一部ユーザーの間で流行した言葉に「なるほど四時じゃねーの」というものがあった。使い方は、毎日午前四時になると各ユーザーが一斉に「なるほど四時じゃねーの」という文面で投稿を行うだけだ。その行為自体に意味は全くないが、最盛期には何百人もの人が同時にその投稿を行っていたし、自動で投稿を行うツールまであった。[*4] つまりTwitterにおいて我々は、決して何も共有していないわけではなく、タイムラインの「タイム」つまり時間を共有している。「なるほど四時じゃねーの」という投稿は居住地域に時差があれば成り立たない程度のちょっとしたお遊びだが、その戯れの本質とは、我々が同じ時間を共有していることの確認にあったと言ってもいい。

人はリアルタイムウェブにおいて他人とコミュニケーションしやすくなった結果、安易にSF的なサイバースペースや、身体の拡張を錯覚してしまいがちだが、素直に考えればリアルタイムウェブで訪れるのはまずは「他人と同じ時間を過ごす」ことの客観化である。そして時間だけは地球上にいる限りほぼ例外なく誰しもが共有可能なものである。実はそれはクラブカルチャーの〈現場〉においても同じである。同じダンスフロアで人々は同じ場所を共有しているわけではないが、質は異なろうとも同じ時間を共有しうる。また五〇人を収容するクラブとしてのDOMMUNEと動画を視聴している三五〇〇人が共有しているのは錯覚としての空間性だが、背景でそれを支えているのは共時性なのだ。そしてこれは、あらゆるソーシャルネットワーク上の現象に敷衍して考えうることである。ネット技術のリアルタイム性が高まれば、その傾向はさらにわかりやすくなっていくことだろう。

しかし宇川のインタビューにもあるように、DOMMUNEはあくまで身体性にこだわっている。もともとDOMMUNEが週末に配信しない方針を掲げていたのも、休日には真の身体性の場である実際のクラブへ行ってほしいという配慮ゆえのことだった。そのため、宇川のまさしく意図するところではあったが、結果的にソーシャルネットワークの共時性は全面化されず、かえって空間性についての錯覚がDOMMUNEのユーザー層へ広がったと言っていいだろう。

だが、こうした魔術化に与せず、正確にネットの限界を示した表現も存在する。それは二〇一〇年に行われた音楽ユニット□□□（クチロロ）の二回に亘るライブである。当時、□□□は積極的にソーシャルメディアを活用して、一月に代官山UNITで行われたライブでは演奏の模様を動画配信し、さらに観客やネット上の視聴者にライブの模様をTwitterで実況することを推奨、投稿内容をステージ上のスクリーンに投影するという演出を行った。こうしたパフォーマンスについて人気獲得のための戦略的な話題作りとする向きもあったが、そうだったとすればむしろ皮肉な内容であったと言える。なぜなら打ち込みを多用する□□□はあえて、同ライブの冒頭でカセットデッキにテープを挿入して再生ボタンを押す映像をスクリーンに映し出す演出と共に演奏をスタートさせたのである。つまり観客がどれだけソーシャルメディアによって〈現場〉の共有感覚を肥大化させても、それはカセットデッキから流れる音楽をみんなで聴くようなことだと指摘しているのである。

さらに四月に渋谷クラブクアトロで行われたライブでは、こうした批評性はよりラディカルな形で顕れる。会場内のオーディエンスは自由にライブの模様を動画配信してよいとされ、ユーザーによる映像は専用サイトのページ上に並べられた。果たしてこの仕掛けによって〈現場〉の共有感覚は高まるであろうか。むろんそうはならない。情報技術は、我々がダンスフロアにおいてバラバラの場所に立っており、柱や人の陰になったりしながら、全然違う視界で、全然違うパフォーマンスを見ているのだということを正確に示したのである。つまりクラブカルチャー的な〈現場〉にも、ソーシャルネットワークにも、場所として共有されるものは存在しないということをここで□□□は暴いた。さらに同日販売されたＤＶＤも、一月のライブの模様がマルチアングル機能を生かしてランダムにカット割りされる仕掛けがなされており、あくまでも他人と同一の内容を共有し得ないということだけが強調されていた。

こうした仕掛けによって空間的条件としての〈現場〉を退けながら、しかし□□□が正確だったのは時間の共有を表現したことである。電話の時報のクリック音をトラックに用いた「00:00:00」という楽曲が用意されており、その誰でも聞いたことのある単調なカウントの声によって、ライブハウスにいるオーディエンスとネット上の視聴者のすべてを一定のテンポに対して同調するように強く働きかけたのだ。ソーシャルネットワーク上で我々は場所も理念も見るものも異なり、にもかかわらず「繋がっている」感覚を強く抱き続けている。だがそこで我々が共有しているのは常に流れ続ける時間だけなのだ。あるいは、そのことを前提として我々が何を共有するかということが試されているのである。それを折り込み済みで、なお他者と共有していると錯覚しあおうとするもの。それがソーシャルネットワークの時代に新しく生まれる〈現場〉の姿に違いない。

註

＊1　二〇一〇年四月二八日に更新された「ビジスタニュース」（http://bisista.blogto.jp/archives/1289367.html）。以下の引用は原文ママ。

＊2　ヒップホップでラッパーたちが順番にラップを披露する円陣をサイファーと呼ぶ。また宮台真司と速水由紀子の共著『サイファ覚醒せよ』（筑摩書房、二〇〇〇）には次のような記述がある。「織世界の未規定性触を、いわば一ヶ所に寄せ集めて、色世界職の中の特異点（特別な部分）として表象する。この特異点を社会システム理論では織サイファ職（暗号）といいます。これは、典型的には、織世界職の創造主としての織神触といった形をとりますが、その結果織神職だけが未規定性を一身に体現する代わりに――いわば毒を吸収する代わりに――、織世界職の残余（残りの部分）は未規定性を免れることになるわけです」（一八〇頁）。

＊3　『TV Bros.』（二〇一〇年五月一五日－二十八日号）巻頭のDOMMUNE特集のインタビューによる。

＊4　後に流行が廃れたため、根強く残っていたツールも二〇一一年一月には運営を終了した。

ペインキラーは要らない

かつて婦人画報社で『25ans』（講談社）の編集に携わった、そして今は美容ジャーナリストの斎藤薫が、まえにコスメなどを紹介する美容雑誌『VOCE』（講談社）の連載コラムで次のように書いていた。

〝ハタ目に正視できないほど可哀そう〟という意味の「痛々しい」から、〝同情〟を抜いてしまったのが、「痛い」。しかも噂している本人は何の迷惑も被っていないのが特徴の、蔑みの形容詞。

なるほど、うまいことを言う。さすが仕事のできる出版業界人、「なるほど」と膝を打たせるのに長けている。

うまいが、しかしよく考えると不思議なことを言う。「痛々しい」とは、ふつうは、他人を見てその姿を評する言葉である。客観性があると言ってもいい。なのに斎藤が言う「痛々しい」とは、話者が他人の気持ちへ同情的に、つまり自分のことのように寄り添っている姿が想定されている。他方、「痛い」とは、ふつうはもちろん、我がこととして発せられる言葉だ。ところがこちらには同情がなく、迷惑も被っておらず、つまり話す本人とは切り離されているという。

ちなみに右に引用したコラムは、次のように続くのだった。

なぜだかわかるだろうか。「痛い」と言われる女のほとんどはまとも。本来がまともな女なのに、ある一線を越えてしまうから「痛い」と言われる。もっと間違ってる女は「痛い」というレベルじゃすまされないから。そしてそもそもが〝まとも〟だから「痛い」と言われることが辛いし許せないのである。

そして〝痛い女〟と言われるいちばんの要因は、やはり〝やり過ぎる〟ことであり、自らのアピールに必死な人。婚活に血まなこな人。若づくりの度が過ぎる人も元気過ぎる人も個性的過ぎる人も、要は程度を超えると痛くなる。

痛いと言われるお前は間違っていない。私はお前を承認する。だが何事もやり過ぎはよくない。出る杭は打たれる。小市民としてほどほどに生きていけ。という、社会を安寧に生きる処世術みたいなことを教えてくれる。さすがである。至れり尽くせりである。

とはいえ、よく考えて見ると齋藤は、「痛い女」に優しいようでありつつ、結局「痛い」ことは否定している。やっぱり「痛々しい」くらいがよいのであり、「痛い」存在になってはいけないのだ。なぜだろうか。「痛々しい」が本来他人を評する言葉で、「痛い」は自らの感覚を表した言葉だというのを思い出すと、何となくわかる。他人を見て「痛い」と思う感覚とは、自分が痛むから不快だ、ということなのではないのか。そして「痛々しい」とは、他人事だからこそ、自らの安全を確保しつつ、同情しますよなんて言ってられるということじゃないのか。

要するに、話者は最初から、他人の痛みなんて共有する気はないのである。あなただけが痛いぶんにはかわいそうだな、と思える。だが他人をそれに巻き込んで、私まで「痛い」思いをするのは許容できない。そういうことではないか。

だが、それでもいいだろう。自分の痛みに他人を巻き込もうとするのを、許すべきだとも思わない。そんなに優しくしてばっかりいれば、それはそれで社会はしんどいものになってしまうに違いない。自分と無関係な痛さを排除することは、健全な世の中にとっても正しい。『VOCE』のコラムとしては、そういう姿勢がちょうど相応しい。さすがである。

だが、最果タヒは決してそうしない。

*

今日、詩人を見付けるのは簡単である。中田健太郎が「言語の過剰と詩の抒情「二〇〇〇年代の現代詩」について」（『ユリイカ』二〇〇八年四月号）で指摘したように、インターネットを覗けば詩のSNSコミュニティには膨大なユーザーが登録されていて、しかも活発に作品を発表している。

ネットはもともと文字に強みがあるメディアであった。昨今注目を集めているのはYouTuberに代表される音楽や映像媒体に乗った発信者たちだが、これが台頭したのはゼロ年代も後半に入ってからである。それに先行して画像コミュニティの発展があったし、文字にいたってはさらにその前から活況があったということになる。ブログやSNSを中心に誰もがネットで言葉を発することができるようになってからはもう、詩は溢れかえっていた。その状況は、中田の指摘から一〇年以上経ってもさほど変わっていない。

ただ前述のYouTuberと明確に違うのは、ネット上の詩のコミュニティが結局あくまでもアマチュアたちの場として機能してきたからである。たとえば二〇〇三年からソーシャル要素を導入して投稿者の交流が活発化していた「現代詩フォーラム」は、最果タヒが二〇〇五年に『現代詩手帖』（思潮社）に投稿を始めるまでの準備期間として、確実にプロの詩人になるべく彼女を方向付けた場所ということになるだろう。片野晃司が九〇年代にパソコン通信でこのフォーラムを立ち上げた頃には、現代詩の環境を紙媒体からネットに拓いていこうという気持ちがあったはずだ。しかし残念ながらネット詩は今なお、それ自体として価値を認められているとは言いがたい。ネットはゆりかごであって、一部の許された者だけが紙媒体へ移行することで真に詩人になることができる。ゆりかごで生きていく者はおらず、そこは認められるまでの段階、ステップでしかない。かつ、ネットはすべての表現を強力に横並び化していくシステムで成り立っている。すなわちネット詩が溢れかえる状況とは、横並びにされながらもめいめいが自意識を発露しているという状況である。そしてそれは、有象無象のアマチュアが書き散らした、質の低い作品ばかりがあるというふうに見られることも多くあるだろう。

これについて考えると、高橋源一郎が大江麻衣「昭和以降に恋愛はない」（『新潮』二〇一〇年七月号）に書いた推薦文に批判が寄せられた一件を思い出す。ネット詩をめぐる論争ではなかった。しかし同じメンタリティに駆動されている。反発を招いたのは、高橋が「いまこの詩集を読み返すと、みんなが「書きたい詩」を書いている中で、大江さんは「書かれるべき詩」を書いたのだ、という思いが強い」と書いたことだった。これは興味深い。おそらく、高橋に限らずとも、紙媒体によって成り立ってきたいわゆる権威としての詩壇が、書かれるべき詩を規定するような真似をすれば、今どき不遜だという反発をそれなりに呼ぶに違いないのだ。前述したように、詩は今や作品がますます溢れかえっている。それは誰もが書きたいものを書いていいという、自意識の肯定が素朴に許される状態になったということだ。しかし一方で、詩は創作者と読者のみによって自律的なコミュニティを成り立たせているわけではなく、いまだに一定の紙媒体を中心にムーブメントが管理され権威づけられているから、最終的に「書かれるべき詩とは何か」という選別の視線を呼び込んで反発を招く。

書きたいものを書くか、書かれるべきものを書くかという論争については、これ以上ここで考える必要がない。理由はいくつかあるが、とりわけ本稿の関心に沿って言えば書きたいものを書ける環境は好むと好まざるとにかかわらずシステム的に広がり続けているからだ。これは詩に限らず、あるいは芸術に限らず、ポストモダンの時代の基本的なあり方で、拒絶し得ない。否定はできるかもしれないが、それはまた別の話だろう。

しかし、ならば無数の横並びにされた自意識たちが、自らの書きたいものに向かっていく中で、詩によって秀でることとは何なのか。とりわけネットは、横並びにされているにもかかわらず自分のは特別であると、「自らのアピールに必死な人」たちが「やり過ぎる」場所、つまり「痛い」場所だと捉えられるのではないか。映像ジャンルであっても、既存のテレビを価値あるものとして捉えたときには、いまだにYouTuberがそのように「痛い」存在として、ただの素人のくせにタレントぶっているなどと見られがちである。まして詩ならなおさらであるし、そして、ならばそういう「痛さ」を消去して、いわば「鎮痛」して、洗練された書き手として権威の安定した従来的な紙メディアの詩壇にデビューすることが正しいとされるだけではないか。

だが、最果タヒは決してそうではなかった。

*

最果タヒは、かつて自分のホームページ「CHOCOLATE HIGHSCHOOL」のプロフィールで述べたところによると、一九九九年にクラシックギターを始め、そのかたわら小説や詩を本格的に書き始めたという。彼女が一三歳の頃ということになるだろう。二〇〇二年には短篇小説・詩集『注射系へドニズム』を個人出版したという。

ちなみにこのホームページが作られたのは二〇〇三年の終盤で、彼女は当時ここを拠点にして既に詩を発表していた。しかしこれが彼女のウェブ活動の最初というわけではなく、その前から何度かホームページ作りにトライしたことがあったし、また継続された活動例としては老舗の日記サービス「エンピツ」で日記を書いている。最初の日記タイトルは「あたしは普通。」で、次に作られたのが「奇異な目で見られたいんだ」である。

だがそれだけでなく、実際のところ最果タヒはこの頃にいくつも日記を作っている。前述のホームページは、当初はそれらの日記に対するリンク集のようなものだったと言ってもいい。リンクに付けられた説明によると、重めの日記、軽めの日記、音楽レビューなどが存在した。ギターやベースを弾き、音楽と言葉が好きだった彼女は「現代詩フォーラム」には「音楽ライター志望」「カリスマ志望」などとも書いていた。

ところでやや面白いのはこれらの日記が、ホームページだけでなく、いくつもの無料ウェブサービスを使って運営されていたことだ。具体的に言うと、前述のエンピツのほかは後に若いネットユーザーから絶大な支持を集めた「前略プロフィール」で知られる「CGIBOY」、手軽なブログサービスの嚆矢「ヤプログ！」の前身となった「ヤプース！」などが利用されていた。

これらのサービスの選び方は、とても当時の若いネットユーザーらしいと言っていい。そしてそもそも、複数の無料ウェブサービスを使い分けて自分を表現したこと自体が、自サイトを一箇所にまとめあげることを好んだ、それ以前のネットユーザーとの世代の違いを感じさせるところがある。

その後も彼女は新しいウェブサービスを積極的に導入し続けている。独自ドメインによるホームページを立ち上げてからも「はてなダイアリー」で日記が続けられたし、Twitterを始めたのも早かったし、Tumblrにも詩を転載している。彼女は既に、十把一絡げに「ネット」として片付ける世代ではなく、ネットをウェブサービス単位で捉えて、それぞれを自分の言葉を流通させる経路として使用するやり方に慣れている。自分の言葉をネットに遍在させるなら、各サービスのいずれにも言葉を注ぎ込まねばならないと理解している。その考え方のルーツは、初期の日記サービスの使い分けにまで求めることができるだろう。

初期においても、用途によって使い分けるとされていながら、彼女はそれぞれ別のサービスに、しかし結果として同じ言葉を流通させることを選んだように見える。背景色を黒にして、自分以外の他人との関わりをめぐる悩みや、いかにも若々しい破滅や陰翳への憧れ、そしてブランキー・ジェット・シティやゆらゆら帝国、またいわゆる九七年デビュー組など、ゼロ年代前半に多感な若者の心を捉えたロックへの純粋なファンらしい書き込みもある。しかし「小説、音楽、絵画、など創る事が生まれもって好きだったらしい。憧れはユーモア。ぶっこわれた感覚に溺れる事が夢」という自己紹介に象徴されるように、これは今やネットでもよく見かける種類の「痛い」若者のウェブサイトということになるだろう。どのウェブサービスだろうと、結局は自意識がどこまでも前に出た言葉がアップロードされていくわけだ。

では最果タヒは、こうした「痛さ」を鎮痛することによってネットの有象無象から脱し、紙媒体というスターダムへ昇格したのだろうか。やはりそうではなかった。二〇〇五年末に彼女が現代詩手帖賞の候補になった時、2ちゃんねるに立てられたスレッドタイトルにすら、「イタイ」という文字が入っていた。つまり彼女は痛いままで詩人になったはずなのだ。

*

最果タヒがその後、出版文芸で鮮烈な才能として認められ、多くの人の心を惹きつけたのは間違いない。しかしその後の彼女の活動は、ホームページや現代詩フォーラムに習作をアップロードしていたころ以上に、幼い自意識へと関心が向けられている。言うなれば彼女は個人として「痛い」のではなく、いったん「メタ痛い」視線を獲得した上で、「痛い」主体としての言葉を強力に紡ごうとする詩人となったのである。

なぜだろうか。ネットは横並びにする性質を同調圧力に変えて「痛い」ことの否定を推進していく。ちょうど、「中二病」という言葉を流行させたことで、現在進行形の中学生にそのように振る舞うことを自制させたように。あるいは、斎藤薫が「痛々しい」と「痛い」を弁別してみせたように。だが、最果タヒは決してそうしなかった。詩は、言葉をエンパワーメントする芸術である。それはつまり言葉に対して「やり過ぎる」ことではないのか。そして詩人とは誰もが当たり前に使えていると思っている言葉を、他人と差別化して、最大限に「やり過ぎる」ことができる人物でなくてはいけない。本当に「やり過ぎる」ことができるのは自分だと思えなくてはならない。だから本来なら「痛い」詩人がいるのではなく、詩人は「痛い」ものである。ならば、自分はその若さが生み出すいかにも「痛い」言葉をこそエンパワーメントしていく。かけがえのない美しさに昇華していく。最果タヒがやったことはそれであった。

最果タヒは、ネットの片隅でひっそりと言葉を書き付けている若者がいることを決して忘れようとしない。自分もそうだったのだから、そこにいた自分を否定しない。ネットから紙媒体へと段階的に移ったわけではない。彼女はネットにある言葉のまま、自意識のまま、それを強めようとしながら、紙媒体も情報インフラのひとつとして使用し、その言葉を、その「痛い」自我の物語を蔓延させていくのだ。

二〇〇四年の二月一日には、彼女はCGIBOY日記帳へ次のように書いていた。

あー。青い春って言えば綺麗だけど。
あたしはただ辛いんだよ。
それだけなんだよ。
そう口にすると、悔しくて、悲しくなる。
ばかばかしい。
がんばるだけじゃないか。

右にあるのは一七歳の少女の、飾りのない自意識の発露、若い苦悩である。それは美しい。この、過去の輝きと同じものを、現在の最果タヒという詩人は、自分の物語として捻出しようとしている。繰り返すが、彼女はそれを、決して別の誰かや遠い日の自分のこととして、つまり他人として、「痛々しい」と思って書くわけではない。彼女の物語世界に登場する彼ら、「ぼく」と「きみ」のことこととして「痛い」のだ。彼女は、自分の好きなことばかり書いてしまうこと、自意識にとらわれてしまうこと、「ただ辛い」こと、そのこと自体の愛らしい姿を表現しようとしている。それは同情ですらなく、我がこととして現在進行形の痛みの共有である。その最上級を目指している。脱却などしない。鎮痛剤などいらない。

年表を生きる者

永野護は何を表現しているのか？

漫画『ファイブスター物語』（KADOKAWA、一九八六―）の物語があらかじめ年表によって決定されているというのは誰もが知るところである。永野護は年表に掲載された内容を史実として認め、それを覆してはならないというルールを自らに対し厳格に課しているという。その言葉通りに、年表に史実が書き足されることはあるが、書かれていたはずの内容がいつの間にか消されるようなことはないと言っていい。これは永野護がこと物語作りにおいては脚本を重視しているかららしい。

しかし創作上の理由を抜きにして考えると、年表の存在はつまりこの作品を壮大な歴史物語たらしめているということが可能だろう。読者は年表を見ることで、各エピソードで演じられているシーンが歴史上のどの場面にあたるのかを知ることができる。ただ一般的な歴史物語と異なっているのは、年表に書かれた史実の大半は、連載開始から三〇年以上経った現在もなお漫画としては描かれていないということである。

それはどれだけ奇妙なことなのか。たとえばアニメ『ガンダム』シリーズでは「宇宙世紀」などの紀年法に基づいた年表が編まれている。しかしこれはシリーズの各作品で描かれたエピソードを史実として盛り込んだものであるか、あるいはエピソード同士の影響関係を示すために空白となっている時期にしかるべき事件を書き足したものとなっている。つまり視聴者は、年表に掲載された史実の大半を実際の作品にあたって確認することができる。

「宇宙世紀」は架空のものだが、現実に基づいた年表を用いた作品なら、話はさらに簡単になる。たとえば『三國志』をモチーフにした作品に年表が付けられていれば、読者は「赤壁の戦い」がどんなものであったのかを実際の作品から理解することが可能だし、そもそも中国史にあたれば作品を読まずとも概要を知ることはできる。

『ファイブスター物語』の年表とは、それらとは異なるものだ。これは将来的に描かれる物語の趨勢がどうなるかを示したロードマップのようなもので、いまだに完成品が姿を現さない設計図なのである。完成品とは、凡庸な言い方をすればなお作者の頭の中にのみ存在している。しかも作者によればたっぷりと紙幅を割いて描かれた第一話と第二話で壮大に描かれる「運命の三女神」だけがこの物語のメインテーマというわけではなく、話が進めば序盤からは想像もできないような多種多様な舞台と物語が登場するというのである。作者自身の言葉ではたとえば次のように書かれている。

(…)第2話っていうのは、次の「トラフィクス」への橋渡しを兼ねながら、F. S. S. ってのはこういう話だよってことをみんなに伝える役回りの話です。運命の3人の女神が主人公だと思ってる人たちは、次からはさらにびっくり。運命の3人の女神なんて全然出てこねーよ(笑)。リアルタイムに連載を読んでいた人って、当時はまだそういうことが全然わからないままに「次はどうなるんだろう」「最後はどうなるんだろう」とか思いながら読んでいたんだと思うけど、僕の頭ん中では第2話を描きながらすでに「トラフィクス」が走ってて、同時に「アトロポス」も走ってて。次の話では年代も舞台もどんどん変わっていく、まあそんな物語です。

（『ファイブスター物語リブート』第二巻、二六六頁）

ここでいう「リアルタイムに連載を読んでいた人」とは、まだ連載が始まって間もないため触れることのできる資料が少なく、年表の存在も知らなかった読者という意味だろう。しかしここで述べられていることは、「年表があれば物語がどのような時系列をたどって展開されるのかがわかる」という話ではない。それならば読者は年表を手にして、単に物語の「続き」が描かれるのを待てばいいだけということになろうが、事情はさらに複雑である。なぜなら、この年表だけを拠り所にしているにもかかわらず、この物語は時系列を全く無視して、場合によっては前後のエピソードや登場人物とのつながりも希薄に描かれるからである。

具体的に言うと、こういうことだ。まずこの年表は「星団歴」という紀年法にしたがって、主人公であるアマテラスが誕生してから娘をもうけるまでの時間を扱っている。が、しかしこの作品はそれを冒頭から終わりまで追っていくわけではない。現に第一話（つまり単行本第一巻）は二九八八年を舞台としていて、これは現在のところ八一項目ある年表の二六番目にあたるエピソードである。ではそれ以前のエピソードを描くことが全く放棄されているかといえばそういうわけでもなく、たとえば第三話には二六二九年にソープ（アマテラスが変装した姿）がバランシェと出会うくだりが描かれている。またさらに、そもそもアマテラスの人生とは重ならない時間、たとえば星団歴よりずっと前の時代が描かれたりもする。あるいはアマテラスが物語の舞台であるジョーカー星団を去ってから遙かな時間が過ぎた、星団暦一八〇九七年が描かれることもある。

作者自身によると各エピソードを描く順序には明確な理由があるというが、読者がそれを理解できるわけでもなく、ランダムに近いザッピングが繰り広げられているように感じることがしばしばある。つまり年表さえあれば物語を十全に理解できるわけではないのである。そのことが、この物語をいくぶん読みにくいものにしているのは間違いないだろう。

さらに、この物語は何千年にもおよぶ時空を舞台にしているだけでなく、時間の制約を超えたキャラクターを頻繁に登場させる。ジョーカー星団では普通の人間たちですら三〇〇年程度の寿命を持つし、主人公であるアマテラスに至っては年表の序盤から端までを生き続けるというまさに超人的な寿命を持っている。また第二話からファティマ・クローソーは一〇〇〇年以上におよぶ長い眠りにつくことになり、いっこうに目覚める気配はない。それだけではなく幽霊や神など、存在自体が時間から解放された者も多い。

長大な時間を扱う歴史物語でも、普通なら、たとえば『三國志』のような作品ならば、多くは血縁関係によってキャラクターのアイデンティティが確保されて、つまり何代にもわたる家族の物語として描かれる。一見すると荒唐無稽さを装うようでありながら根底では説話論的構造が強力に機能している『ファイブスター物語』にも、そうしたエピソードはふんだんに用意されている。アマテラスによって滅ぼされ、後に復讐を果たすはずのコーラス王朝などはその筆頭と言えるだろう。

ところがそれだけであれば、この作品はあらかじめ年表を用意した歴史物語と呼べばいい。しかし舞台がめまぐるしく移り変わり、時間の制約を受けないキャラクターたちが存在することによって、一般の歴史物語のような直線的かつ不可逆の時間の進行は失われる。それゆえ単行本の巻末に見開きで掲載された星団史は、もはや年表ではなく「地図」として機能し、キャラクターたちはその上を縦横無尽に移動し始める。

付け加えるならば、こうした特殊な時間上での移動を自在に行えるのは、たいていの場合は女性になっている。男性もしくは男性的なキャラクターは、たとえ時間の制約からあるていど解放されていても、たとえばログナーのようにクローン人間として肉体を変えながら長期にわたって存在し続けられる人物でも、年表に流れている過去から未来への時間の流れを無視することはできない。これは作中で万能に近い能力を持つアマテラスですら同様であり、第一話の冒頭から物語全体を覆っている彼の悲しみの根源がまさに、時間が不可逆であるがゆえに、彼のもとを去っていった者たちを取り戻すことができないということである。

これに対して女性たちには、逐次的な時間の流れを断ち切って過去や未来に干渉する能力を持つ者がずっと多い。前述のようにクローソーは長期間にわたって眠り続けるし、予知などパラサイマル能力をはっきりと見せつけるのもムグミカ王女やマグダル・ビート、ナインなどの女性である。経験したことのない遠い過去を見る過去視の能力を窺わせる人物も、同様に女性や女性型ファティマばかりになっている。そしてもちろん、エルメラ・コーラスやミース・シルバーのように子を生むことで未来に干渉しようとする人物もいる。どこまでが設定上のことなのかは想像もできないが、少なくとも作中で描かれる限りにおいて女性たちは、「地図」としての年表の上を、男性よりも逐次的な時間の流れに影響されずに動くことができるのである。

　時間に干渉する本作の女性たちを象徴しているのが、アマテラスの妻であるラキシスだろう。彼女は三二三九年にカラミティ星の爆発に巻き込まれて行方不明となり、それ以後から星団歴のあらゆる時代に現れるようになる。これについて『ファイブスター物語 リブート』第一巻のキャラクター解説では、「時間を超えて永遠の時を放浪する」とある。ここで重要なのは放浪すること自体ではなく、それが「永遠の時」と表現されていることだ。永遠とはつまり、時間が過去や未来という概念自体を喪失してしまうことで、つまりラキシスの放浪とは、過去から未来へ、あるいは現在から過去へという方向性を持ったものではなくなる。彼女はある時点からある時点へと動き回るのではなく、すべての時間上に遍在するような存在になってしまう。ラキシスにとって過去と未来の区別は意味を失っているため、彼女は作中でほとんど何の前触れもなく、描かれているシーンよりも未来の姿に変わってしまうことがある。「永遠の時を放浪する」ということを正しく描こうとしているからこそ、この作品はそうした表現を選んでいるのだ。

　言い換えるとラキシスは他の女性キャラクターのように「地図」としての年表上を動き回る存在ではなく、いわば年表そのものになってしまっている。だからこそ彼女はこの物語で最も重要かつ特殊なキャラクターなのだ。

　そのことは実は、単行本第二巻の巻末に掲載された作者自身による「第3巻にあたり」という文章によって半ば示されている。それは以下のようなものだ。

（…）３巻の後半でムグミカ王女の言う「はるかなる太古の偉大なる王女が～」の件は、ラキシスがモラードに言った言葉です。この言葉は、太古ではなく未来のラキシスが語った言葉なのですが、彼女ムグミカは「太古の魔導王国」とも言っております。ラキシスがこの太古の言葉を知っていた訳でもありませんし、ジョーカー星団に〝フォーチュン〟なる言葉が出てくるのは物語のラストフ７７７年です。古代ジョーカーにはフォーチュンなる国家は存在しておらず、天照の作った最後の国家のことです。ムグミカには未来が過去のように見えたのでしょうか？

この物語は〝時間〟がもうわやくちゃになっており、後半いきなり千年程すっとんで、また元の時代に帰っておりますが、これは〝未来回想〟ではなく〝同時進行〟という風に見てください。

ここに書かれているのは要するに、ムグミカ王女がはるか太古の言い伝えの言葉として語った内容は、同じ年にラキシスが未来の姿になりモラードに語っていた言葉と同じだ、という話である。つまり未来のラキシスが現在に存在して語った言葉を、ムグミカ王女は太古の言葉だと言っている。時間が「わやくちゃ」になっているとは、そういう意味だ。

こうした時系列の混乱は、物語の筋の上では言うまでもなくラキシスが特殊なキャラクターであるからこそ生まれている。彼女は太古にいるとも言えるし、七七七七年にいるとも言えるし、二九八九年にモラードに向かって語っているとも言えるからだ。そのすべてが同時に成り立ってしまうのが「永遠の時を放浪する」という状態なのである。

しかしそれを理解した上で我々が注目すべきなのはもちろん、右の引用で「この物語」そのものの構造について言及した「〝未来回想〟ではなく〝同時進行〟」という部分だろう。ここで永野護が言おうとしているのは、『ファイブスター物語』は時空をザッピングしながらも過去から未来へと一方向に流れる時間を描いているかのように読めるかもしれないが、任意の時空から見た前後関係としての過去や未来を描いているわけではない、ということである。つまりラキシスが永遠の時間に遍在するように、それぞれの時空がすべて同時に存在し、どこにも特異点を求めないものとして描いているというわけである。

こうした表現は漫画を説明したものとしてはいささか意味がわかりにくい。なぜなら漫画は「間白」すなわちコマとコマの間に時間の進行を持たせることで成り立つメディアだからである。これについて漫画評論家の伊藤剛は次のように書いている。

「間白」は単なるコマとコマの間の隙間ではなく、多義的な機能を有している。端的にいえば、コマとコマの間に時間的に連続させているのが「間白」である。
大友克洋のマンガでは、一般に間白は安定して置かれる。それによって時間的な連続を保証され、あたかも映画のフィルムの上でカットが連続するかのような表現が可能になっている。例外的に間白が省略されることもあるが、それはある瞬間に起っていることを同時に見せるような、カットバック的な効果をもたらし、逆にそれ以外の場合は安定して時間経過が表現されていることを強調するものである。

まず、マンガ内に描かれる時間経過が、間白の使い方によって表現されるということをしっかり記憶していただきたい。たとえば場面転換などの際、時間が経っていることを表すのに間白を広くとるなどの表現を思い起こせば、ここが「時間」に関わる要素であることが理解しやすいと思う。

(「TINAMIX REVIEW『エイリアン9』論」二〇〇〇年、http://www.tinami.com/x/review/03/page4.html)

この間白の機能によって、我々は連続するコマに全く同じ絵が描かれている場合にすら、同じ状況が続いていいるという意味を感じ取ってしまう。ところで『ファイブスター物語』では、間白の広さはほぼ変更されることなく、常に一定の幅を持たされている。繰り返すようにこの作品は非連続的にエピソードが展開されることが頻繁にあるにもかかわらず、作者は間白の変化によってそれを演出しないのである。したがって間白のコントロールによって時間経過が効果的に演出される漫画の一般的なセオリーに慣れた読者であるほど、読みにくさを感じるかもしれない。しかし、我々はこの読みにくさが、むしろ意図的に作り出されたものだと考えたほうがいい。先ほどの引用で書かれていたように、永野護はこの物語でシーンの移り変わりによってわかりやすく知らされるような時間的な変移を求めることに消極的なのだ。だからこそ間白を操作した一般的な漫画に近しい時間変移、つまり過去と未来の前後関係や距離感がわかりやすく演出される配置されることが避けられるのである。

ここに至って永野護の意図は明らかである。つまり彼がやっているのは年表から物語を紡ぎ出すというよりは、年表それ自体を漫画というメディアに置き換えようという試みだ。見開き二ページの年表を一目で俯瞰するかのように、太古の出来事も未来の出来事もそれぞれのポイントにおいて〝同時進行〟している。そして付け加えるまでもないことだが、それを俯瞰して眺めているのはラキシスと同じ視座を持つ者に他ならない。この物語が年表に書かれたすべてのエピソードを描き終えて完結する時とは、読者がラキシスと同じ立場になり、単行本のページを自由にめくりながら、ジョーカー星団の歴史に遍在することが可能になる瞬間なのである。

永野護が描いているのはそういうものである。それは漫画という時間性を生み出すメディアにとって矛盾した試みだと言える。全体が一望できる表現を目指すなら、漫画よりも絵画などのほうが向いているかもしれない。しかしそれでも、永野護は漫画でこの物語を描くことを選んでいる。なぜだろうか。『ファイブスター物語』が、たとえどんなにエピソードが非連続的に展開されても常に一定の間白を維持することを改めて思い出したい。このような淡々とした時間の流れは、本作を漫画よりもむしろ映像や音楽など機械的に時間を連続させるジャンル、タイムコードを持ったメディアに擬態させるのである。

それはもちろん、永野護の出自であるアニメを思い出させるだろう。つまり彼はアニメのような時間経過がありながらも、アニメにはできない年表的な一覧性を持った作品を作ろうとした。その目的のために、間白を操作し*ない*ことによって映像メディアに近しい時間の連続性をも創り出せる、漫画という表現方法は活用されている。意匠や主題をこえてなお、『ファイブスター物語』が唯一無二の独創性を示しているのは、実はここである。

日常系の世界を推理する

米澤穂信と歴史的遠近法のダイナミクス

本稿の目的は、まず第一に、テレビアニメ化された米澤穂信の小説『氷菓』が、今日的なフィクションとしてどのような立ち位置を確保しているかを確認することにある。

同作はゼロ年代を通して高い人気を誇ったアニメ制作会社、京都アニメーションによってアニメ化されている。とりわけ本稿の興味に則して言えば、同社の作品は同時代的なポップカルチャー批評の俎上にあげられることが多かった。『AIR』『CLANNAD』『涼宮ハルヒの憂鬱』『らき☆すた』『けいおん!』などの固有名は、ゼロ年代のポップカルチャー批評でそれなりに参照されたものであり、この時代に培われた思想に紐付けられたものとしてあった。ではその時代を経て二〇一二年にアニメ化された『氷菓』は、いかなる思想的な背景を作中に見出されるべきなのか。

本稿の後半では、これを、特に『氷菓』の原作である米澤穂信の小説に依りながら考察していきたい。そうすることで、ゼロ年代の思想が主にその前半期に試みていた、近代文学を背景とした日本思想史との接続の可能性を再検討することに繋げられる。つまり、今日のポップカルチャーがどのようなフィクションを描くかを追究した「ゲーム的リアリズム」の試みの続きを我々は考えることができるか。その問いは、かつて存在した「ゼロ年代の思想」というものを、歴史の中に位置づけて、さらに今後も継承していくために必要である。本稿の第二の、そして最大の目的がそこにある。

―

「ゼロ年代の思想」は、特にその前期においてミステリつまり推理小説の潮流を参照することを重視していた。

ここで言う「ゼロ年代の思想」とは、東浩紀『動物化するポストモダン』（講談社、二〇〇一）が刊行された時期から始まって、福嶋亮大『神話が考える　ネットワーク社会の文化論』（青土社、二〇一〇）あたりまで続く一つの思潮である。それはしばしばアニメや漫画、ゲーム、ライトノベルなどポップカルチャーへの言及を含むことから、しばしばカルチャー分析や批評の文脈で読まれることがある。

むろんゼロ年代には、ここで言うところの「ゼロ年代の思想」とは別の思想思潮があっただろうし、そこには活発な議論があり、一定の達成があり、広範な支持が集められていたに違いない。しかし本論は単に、それらとは違った「ゼロ年代の思想」について語るものである。その具体的な内容をここで紹介するにはいささか紙幅が足りないが、概説については、円堂都司昭『ゼロ年代の論点』（ソフトバンククリエイティブ、二〇一一）などにあたるのが最も早いだろう。

話を戻そう。ゼロ年代の思想は、ミステリの潮流と共にあった。たとえば東浩紀は『動物化するポストモダン』を著してからしばらくして文芸誌『ファウスト』（講談社、二〇〇三―）との関係を深め、後に著される『ゲーム的リアリズムの誕生』（講談社、二〇〇七）の原型となった連載も行っている（「メタリアル・フィクションの誕生」、二〇〇三―二〇〇五）。

『ファウスト』はミステリを中心とした文芸誌『メフィスト』（講談社、一九九六―）を精神的母体とする雑誌であり、編集長の太田克史は清涼院流水、西尾維新、舞城王太郎、佐藤友哉など『メフィスト』出身のミステリ作家を積極的に起用した。東はゼロ年代前半の当時、その著述の中でこれらの作家を取り上げて、今日的な（つまりゼロ年代前半の）カルチャー、あるいは自意識、あるいは社会、あるいはテクノロジーのあり方を説明している。『ゲーム的リアリズムの誕生』は、タイトル通りゲームに注目した内容だが、重要な論点として語られているのは美少女ゲームなどのノベルゲームやライトノベルがもたらす「ループ」という概念である。それは一言で言うとプレイヤーがエンディングやゲームオーバーを繰り返しながら何度もゲーム世界を体験する感覚を指す言葉だったが、東はその「ループ」を表現した文芸作品を近代以降の日本文学に接続しようと試み、たとえば舞城王太郎の『九十九十九』（講談社、二〇〇三）などについて詳細な分析がなされている。

ミステリが「ゼロ年代の思想」に重視された例としてはほかにも、ノベルゲーム作品『ひぐらしのなく頃に』（07th Expansion、二〇〇二―二〇〇六）や『うみねこのなく頃に』（同前、二〇〇七―二〇一〇）の存在を忘れるわけにはいかない。この作品はゲーム内に選択肢などのコマンドが一切存在せず、定められた殺人事件のあらましを読むことしかできないという特異なノベルゲームであり、「どんな選択肢が存在すれば事件を避けられたのか」をネット上のコミュニティでプレイヤー同士が考察することを「ゲーム」の楽しみとして用意するものだった。その形式はネット時代の物語論として、たとえば濱野智史や福嶋亮大がその著述の中で触れている。

これらの例は「ゼロ年代の思想」を語る上であまりにも有名なものだが、逆に言えばそれだけミステリ作品は「ゼロ年代の思想」の論点に近しい位置にあったということでもある。興味深いのは、そこでの言及はジャンル批評としてのミステリ評論とは一定の距離を維持して行われていたということだ。どういうことか。ミステリ周辺を少しでも読めばわかることだが、国内のミステリではジャンルを分析する手法が独自に発達して豊かな思潮を形成している。そこではたとえば「本格」「新本格」「メタミステリ」「フーダニット」「安楽椅子探偵」などのいかにもジャンル言及的な用語によって作品群が分類あるいは分析されており、いわゆるミステリ作家の大半はそうしたジャンル独自の文脈を意識しながら作品を書いている。また九〇年代以降には法月倫太郎が書いた「初期クイーン論」（一九九五）や笠井潔の『探偵小説と二〇世紀精神』（東京創元社、二〇〇五）、本格ミステリ大賞を受賞した小森健太朗の『探偵小説の論理学』（南雲堂、二〇〇七）のように、哲学や思想との関連を重視したミステリ論がミステリ界隈から提案されてもいる。「ゼロ年代の思想」がミステリを分析対象としたのも、こういった潮流との対応関係を感じさせる。しかし、「ゼロ年代の思想」がミステリを語る時、こうしたミステリ界隈による独自の分析はほとんど参照されていない。ゆえにミステリのジャンル読者の中には、「ゼロ年代の思想」がミステリを扱う手つきについて、あるいはその評価の方向性について賛同しかねる向きもあっただろう。

たとえば、清涼院流水は一九九六年のデビュー当時から一〇〇〇人以上もの人物が密室で殺される大量殺人ミステリを書き、また名探偵によるトリックの解明をまるでヒーロー漫画の必殺技のように表現している。その後輩世代となる舞城王太郎や西尾維新らにいたっては、清涼院よりもさらにキャラクター化された登場人物の登場する、荒唐無稽なトリックによる、虚構性の強いミステリを描くのである。彼らの手法は登場した頃、ミステリジャンルの潮流に位置づけるならば、九〇年代前半に講談社ノベルス等で盛況だった「新本格」ミステリの後続として扱われうる。ただそれは言い換えれば彼らの作品が論理性を重んじる正統的なミステリから逸脱したもの——控えめに言ってもオルタナティブを志向したもの——と捉えられうるということだ。しかし「ゼロ年代の思想」にとっては、彼らの作品こそが時代性を反映しているとして、ミステリの文脈とは半ば切り離された形で評価の対象になったのである。

しかし僕には、それは妥当なことのように感じられる。「ゼロ年代の思想」の目的は名前通りゼロ年代という時代性を背負ったカルチャー分析であるから、それはジャンル批評の目的あるいは興味と必ずしも合致しないであろう。

しかしここで我々はより慎重に考えるべきである。「ゼロ年代の思想」がミステリのジャンル批評に接近しすぎる必要はなかったが、結果的にその傾向がミステリという文学ジャンル自体をいくぶん遠ざける結果になったのではないか。

別の言い方をすると、こういうことだ。前述したように東は『ゲーム的リアリズムの誕生』で「新本格」以降のミステリ、あるいは美少女ゲームなどを近代より続く日本文学に接合しようとした。彼がそこで狙っていたのは、文芸批評が明治以来のデファクトスタンダードとして無批判に継承を重ねられ、それゆえ衰退してゆく日本の批評の状況を何とかして更新しようということだったに違いない。しかし結果として彼の試みは、従来の文芸批評や、分析対象であるゲームやライトノベル、あるいはミステリの読者からほぼ自らの問題として捉えられることなく受け流され、その達成はあくまで「ゼロ年代の思想」の読者層を中心に、そうでなくとも純粋にその分析対象たる新興分野を読み解くための手引きとしてのみ、歓迎された節がある。したがって『ゲーム的リアリズムの誕生』以降の「ゼロ年代の思想」は、いわゆる文芸批評から、もっと言えばいわゆる文学そのものから、距離を置く結果になったと言えるのではないだろうか。

先に挙げた『ひぐらしのなく頃に』などがいい例である。多くの「ゼロ年代の思想」の論者は、このミステリが読者を楽しませる環境（アーキテクチャ）への注目を強めた。しかし『ゲーム的リアリズムの誕生』の議論が引き継がれるのであれば、ループ性やキャラクター性など以前に、この作品がジャンルとしてミステリであることがまず注目され、清涼院や舞城や西尾、あるいは「新本格」などと類比されることが「ゼロ年代の思想」の主潮になってもおかしくはなかった。これは特異なケースではない。「ゼロ年代の思想」の分析対象となっていたポップカルチャー全体でミステリ的なものは一貫して大きな位置を占め続けていた。にもかかわらず、論者たちはそこを捉えることがなかったのである。

ただし僕はここで、「ゼロ年代の思想」が全般にわたって『ファウスト』世代の作家や作品を、あるいはジャンルとしてのミステリを取り上げることが絶対に必要だったと主張したいわけではない。「ゼロ年代の思想」が、『ゲーム的リアリズムの誕生』が狙ったような文芸批評の更新から、またはジャンルとしてのミステリから次第に離れていきながら、別の大きな成果を上げたことは間違いないのだ。しかしそんなゼロ年代が終わりを告げて後しばらくして、僕はある出来事をきっかけに、ミステリを中心に「ゼロ年代の思想」を再考する余地もいまだ残されているかもしれないと考えるようになった。その出来事とは、京都アニメーションが『氷菓』のタイトルで、米澤穂信の「〈古典部〉シリーズ」をアニメ化したことである。

2

簡単に確認しておこう。京都アニメーションは、二〇〇六年と二〇〇九年の二回にわたって『涼宮ハルヒの憂鬱』をアニメ化して一般層にいたるまでの注目を集め、さらに二〇〇七年の『らき☆すた』、二〇〇九年と二〇一〇年の『けいおん!』シリーズ作などで次々にヒット作を生み出したアニメ制作会社である。ゼロ年代のポップカルチャーの担い手としては非常に高い評価を得て、「ゼロ年代の思想」の論者たちも頻繁に言及している。特に「ゼロ年代の思想」の文脈で言えば、『AIR』(二〇〇五)や『CLANNAD』(二〇〇七―二〇〇九)を制作した会社としても重要だろう。また残念なことだが、二〇一九年に同社スタジオが放火され、三六名が死亡した痛ましい事件で日本中から注目を集めたことも記憶に新しい。

その京都アニメーションが、二〇一〇年代に入って作った二本目の作品が『氷菓』である。『氷菓』というのは米澤穂信の〈古典部〉シリーズと題された連作の一作目であり、二〇〇一年に角川スニーカー文庫の一冊として上梓された米澤のデビュー作でもある。アニメでは『氷菓』の続刊である『愚者のエンドロール』（二〇〇二）『クドリャフカの順番』（二〇〇五）『遠回りする雛』（二〇〇七）までが映像化されている。ちなみにアニメ化されなかった二〇一〇年刊行の『ふたりの距離の概算』も含めて、このシリーズはゼロ年代を通して書き続けられたと言える。

〈古典部〉シリーズは広義のミステリに属する作品群である。これに限らず、米澤は前述した一般的なミステリ作家と同じく、ミステリのジャンル性を強く意識した作品を多く書いており、作品の大半はミステリの中でも「日常の謎」ものと呼ばれるサブジャンルに属している。

「日常の謎」とは何だろうか。このジャンルの嚆矢とされるのは北村薫のデビュー作である一九八九年の短編集『空飛ぶ馬』（東京創元社）であった。この作品で特徴的なのは殺人などの事件らしい事件がほとんど起きないことだった。主人公や探偵役らは、日常で見かけた些細な、しかし奇妙な出来事の原因を探る。それがやがて「日常の謎」ものと呼ばれるようになったミステリだ。

たとえば『空飛ぶ馬』に収録されている「砂糖合戦」という話では、喫茶店でティーカップの中に、何度も何度も砂糖壺から砂糖を入れ続けている女子高生たちが目撃される。なぜ彼女らはそんなことをしたのか？　それが主人公らの解くべき謎となるのだ。その些細な出来事の裏には、人間の後ろ暗い心理が隠されていることが多く、そうした点も米澤穂信の「日常の謎」作品は踏襲している。特に米澤自身は探偵役が推理を間違えて再考する展開や、探偵役が推理を開陳しつつもそれが本当に真実であるかが不明瞭であるような展開を書くことが多い。

僕が『氷菓』をあくまでミステリとして捉えつつ、「ゼロ年代の思想」の範疇で語ることが可能であると考える理由は、まさにこの「日常の謎」のジャンル性にある。まずそのジャンル名が重要だ。京都アニメーションが『氷菓』の直前に制作した作品は、あらゐけいいちの漫画を原作とする『日常』（二〇一一）だった。さらにその前作となる『けいおん！』や『らき☆すた』などは、「日常系」あるいは「空気系」と呼ばれるジャンルのものとして、「ゼロ年代の思想」界隈でも認知されていた。つまり京都アニメーションはゼロ年代の後期から連続して「日常」にこだわった作品を作り続けているのだ。

ちなみに「ゼロ年代の思想」は、日常系というジャンルに対してどちらかというと冷ややかな姿勢をとっている。ウィキペディアの「空気系」の項を見ると、宇野常寛や前島賢、北田暁大ら「ゼロ年代の思想」の担い手たちからの引用を含めながら、このジャンルについて以下のような説明がなされている。

舞台の大半が現代日本の日常的な生活空間（しばしば学校や登場人物の家の周辺）に限定され、困難との対峙や葛藤・極端に不幸な出来事・深刻な家族関係の描写・本格的な恋愛といったドラマツルギーを極力排除することで物語性が希薄化されている。(…)

ドラマツルギーを排除した結果、作品内で描かれるのは実質的には無内容なとりとめのない会話の繰り返し(社会学者の北田暁大がつながりの社会性と名づけたような、自己目的化した形式主義的なコミュニケーション)となり、例えば空気系アニメの火付け役とされるアニメ『らき☆すた』の第一話では登場キャラクターの女子高生らがチョココロネなどのお菓子の自己流の食べ方について雑談するさまが延々と描写される。視聴者はドラマチックな展開ではなく、作中で描かれる楽園的な世界の永続を願いながら視聴を続けることになる。

(…)

従来の男性向けの萌え系コンテンツで存在したような消費者の感情移入対象となる(しばしば没個性的な)男性主人公は空気系作品では消去されているが、それでも作品自体は美少女キャラクターへの所有願望を満たすために(広義のポルノグラフィとして)製作・受容されているといえる。

『けいおん!』などは鑑賞した一般視聴者から「感動した」「泣いた」などという感想が漏らされることの多い作品だったが、右で語られているのはそうした好意的な意見とは相反する厳しいものだ。要するに日常系の作品とはドラマ性を廃した、とりとめのない、広義のポルノなのだと説明するのである。ただし、たとえば宇野常寛などは日常系よりも以前にとりわけオタク系のポップカルチャーで人気のあった作品群、たとえば主人公周辺の人間関係が「世界の終わり」などのアポカリプス的な世界危機と直結してしまう「セカイ系」などに比べれば、日常系のほうが次世代的なメンタリティを感じさせるものであり、評価に値するということを述べている。「セカイ系」については本稿の後半で改めて説明を加えたいが、少なくともここで宇野は日常系について、社会のあるべき姿、人々のロールモデルの窺えるものとして肯定的な評価を行っているとは言える。しかし言い換えれば、宇野は少なくともプロットとしては、日常系が刺激の少ない凡庸なもの、あるいはドラマ性の希薄なものだという、他の「ゼロ年代の思想」の論者たちの評価を支持している。

日常系のナラティブを評する際にまとめられる右のような文言が、その作品を支持する者たちにとって必ずしも喜ばしいものでないことは想像するに難くない。たとえば『けいおん!』に「感動した」「泣いた」という視聴者にとって「広義のポルノ」という表現は違和感のあるものだろう。

もっとも、「ゼロ年代の思想」が日常系を評価し得ないことは、文学史的な観点からも理解できることである。というのも、ゼロ年代の初期に「ゼロ年代の思想」の語り手たちが見せた一部のフィクションに対する賞賛と、その後に訪れた日常系的なフィクションへの冷淡な評価は、アメリカ文学史におけるポストモダン文学とミニマリズム文学への評価のありようによく似ているのだ。

ポストモダン文学とは、六〇年代から七〇年代に盛況だったアメリカ文学史上の一大潮流だ。その文学的な特徴について一九八〇年にジョン・バースが解説した著名なエッセイ「補給の文学」(『金曜日の本』収録、筑摩書房、一九八九)によると、代表的なポストモダン文学の作家として彼自身のほか、ウィリアム・ギャスとジョン・ホークス、さらにドナルド・バーセルミ、ロバート・クーヴァー、スタンリー・エルキン、トマス・ピンチョン、カート・ヴォネガットの名が挙げられている。彼らが書いた小説がどのようなものだったかを記すより前に、その流行の後に台頭し、結果として八〇年代のあいだ、ずっとアメリカ文学の主流であり続けたミニマリズム文学について説明しよう。ビル・ビュフォードは一九八三年に、編集者をつとめた文芸雑誌『グランタ』で、実質的にミニマリズムに相当する新しい文学潮流を特集した。彼自身は「ダーティーリアリズム」と名付けているが、その特徴について以下のように書いている。

それは、勇壮だったり雄大だったりしない。対照的に、ノーマン・メイラーやソール・ベローのような壮大な意思は、誇張され、奇妙で、偽物のようにさえ見える。それは、六〇年代から七〇年代に出版された、「ポストモダン」「ポストコンテンポラリー」「脱構築主義」など様々に表現された多くの文章のような、自意識過剰な実験作でもない。それと比べると、ジョン・バースやウィリアム・ギャディスやトマス・ピンチョンの作品は、仰々しく見える。それは、大きな歴史的主張をすることに捧げられたフィクションではない。

その代わりに別の領域、すなわち局所的なディティール、ニュアンス、言葉やジェスチャーのわずかな乱れに捧げられたフィクションである。（…）日中テレビを見たり、安っぽいロマンスを読んだり、カントリーやウエスタンミュージックを聴くような人々についての、飾り気がなく、整っておらず、安っぽい悲劇。彼らはロードサイドのカフェのウェイトレスだったり、スーパーマーケットのレジ係だったり、建設作業員だったり、秘書だったり、失業者のカウボーイだったりする。彼らはビンゴをしたり、チーズバーガーを食べたり、鹿を狩ったり、安ホテルに泊まったりする。彼らはお酒をよく飲み、車を盗んだり、窓を割ったり、財布をすったりしてトラブルになる。彼らはケンタッキーやアラバマやオレゴンから来たが、実際どこからだっていい。彼らはジャンクフードと現代の消費主義の圧迫的なディティールによってとっ散らかった世界の、漂流者なのだ。（…）多くの作家は、リチャード・フォードやレイモンド・カーヴァー、フレデリック・バーテルムのように、平易な中でもとりわけ平易に削ぎ落とされた、平板で「驚きのない」言葉で書いている。文章は装飾的なものが取り払われ、私たちが目撃するように求められる単純な対象や出来事を完全にコントロールしている。

右の文章に挙げられた小説の特徴の多くは、ゼロ年代以降の日常系作品と共通すると言っていいだろう。これらの作品は壮大なファンタジーではなく、卑近な日常生活について書いた（そして、そこにさしたる意味づけを求めなかった）がゆえに「ミニマリズム」と呼ばれうるものだった。そうした主題の選ばれ方も日常系に近い。日常系といくぶん異なるのは、ビュフォードが「ダーティー」だと評したものの中には社会の閉塞感からくる暗さと陰鬱さが漂っていることだろうか。

では、このミニマリズム文学に対してポストモダン文学の特徴を語るとすれば、それは近代までの先行する文学をすべて素材として再帰的に取り込みつつ、しばしばメタフィクションなどの実験性が導入されるなどして虚構性を強調した物語だと言うことができる。それは先行する文学はもちろん、ミステリやSF、映画や音楽、マンガやアニメ、ゲームなどのポップカルチャーまでもを取り込み、新たな表現を模索したゼロ年代初頭のさまざまなジャンルの作品群の手法に重ねられる。その意味で、東浩紀は『ゲーム的リアリズムの誕生』において、ポップカルチャーの諸作品を正しくポストモダン文学として評価したと言うことができる。
　東は、こうしたポストモダン――ミニマリズムというアメリカ文学史の流れを確実に意識していたと思われる。なぜなら彼は『思想地図』第四号（NHK出版、二〇〇九）に掲載された村上春樹の小説『1Q84』（新潮社、二〇〇九）についての座談会の中で、『けいおん！』がミニマリズム作品であるとはっきりと言及しているからだ。その発言は次のようになる。

東 （…）僕は、広義の「ゼロ年代」、九五年以降の一五年間は、思想文学からサブカルチャーまで、あらゆる場所でミニマリズムが進行した時代だと総括できると思います。少人数の市場を確実に押さえるため、あらゆるジャンル、業界で、表現がよく言えば洗練され、悪く言えば貧しくなっていった時代です。つまり、あらゆる表現がマイナスの発想でつくられていた時代だと思うのです。この観点からすれば『けいおん！』も『ヘヴン』（引用者註：川上未映子の小説。講談社、二〇〇九）も同じミニマリズムです。（…）とにかく、すべての表現が、「こういうことをやると固定ファンを失うからやめておこう」でつくられた時代だったのです。『1Q84』は、そんなミニマリズムの創始者だった村上春樹自身が、そのミニマリズムに巻き込まれ表現の幅を小さくした作品と言えるかもしれない。

村上春樹はミニマリズム文学の代表的作家レイモンド・カーヴァーの訳者として、日本ではエヴァンジェリスト的な活動で知られる人物であるし、その作風に強い影響も受けている。だからこそ東は村上春樹を、日本における「ミニマリズムの創始者だった」と言い、そのうえでポストモダン文学としての「ゲーム的リアリズム」の後に、ミニマリズム文学的なものが台頭した状況を語っているわけだ。

しかしここで重要なのは、文学史的にはポストモダン文学とミニマリズム文学は両極端なものとしてあるわけではないという点だ。ビュフォードの書きようからもわかるように、前者が後者への反発を経て台頭したのは間違いないが、そもそも両者はどちらも一九七九年にリオタールが『ポストモダンの条件』で指摘したような「大きな物語の終焉」を契機として生まれている。つまりジャンルとしての「ポストモダン文学」は、前述したような実験性などによって特徴付けられるものを指すが、「ポストモダンを条件とした文学」という意味であれば、「ポストモダン文学」と「ミニマリズム文学」のどちらもその範疇にあるというわけである。

このような文学史的な理解を敷衍していけば、我々は「セカイ系的なものが否定され、日常系的なものが始まった」というような切断と断絶ではなく、総じてポストモダンの流れにあるものとして、接合と連続として、ゼロ年代を語ることができる。さらに言えば、そこで、京都アニメーションが『ＡＩＲ』などのセカイ系的な作品と『けいおん！』のような日常系的な作品の両方を手がけていることは大きな意味を持つ。我々は京都アニメーションを通して、ゼロ年代全体を、おそらくは九〇年代後半からの流れをも、俯瞰して眺めることができるのだ。

では、その最後尾に位置する『氷菓』という作品は、「日常の謎」を題材にして、ゼロ年代を通して書かれた〈古典部〉シリーズは、果たして何を語るものなのだろうか。

3

既に述べたように、日常系に対する批判は、しばしばそれがまさに日常＝凡庸な生活を描いているから、フィクションとして想像力に乏しいという論調を伴う。これについてライターのばるぼらは、『ユリイカ 魔法少女まどか☆マギカ臨時増刊号』（青土社、二〇一一）で行った、僕との対談の中で次のように述べている。

ばるぼら そうそう。「日常系」っていう言い方はおかしいと思っていました。それって、まるで「日常」を重んじる作品と「非日常」を重んじる作品の二派があるみたいな考え方になるんですよね。そういうことではない。

この指摘は正しい。あらかじめフィクションは総じて虚構であるにもかかわらず、「日常系」というジャンル名はそこに「日常を尊ぶ作品」と「非日常を尊ぶ作品」という二派を想定してしまう。殊に「セカイ系から日常系へ」というような切断と断絶の図式に依拠すれば、そこにはほとんどモチーフによってナラティブの質が決定してしまうというような評価が呼び込まれてしまう。

別の言い方をしてみよう。前節で僕は、「日常の謎」というジャンル名における「日常」という言葉だけに注目したが、「日常の謎」には「世界の謎」という言葉を対置することも可能だ。社会学者の宮台真司は、セカイ系について「世界の謎」(世界の不条理さ)と「自分の謎」(実存の不条理さ)が等置されてしまうタイプのフィクションであると説明している。ここでいう「世界」は日常に対置されるものである。たとえば『SPA!』(扶桑社)二〇一一年七月一九日号で宮台は『魔法少女まどか☆マギカ』について次のように述べている。

もともとこれはギリシャ悲劇の基本原則に沿ったものなんですが『まどか』の劇中の出来事もすべて人の振る舞いの延長線上に因果が成り立っていて、「社会」のなかに「世界」がある。対照的に『エヴァ』だと使徒という不条理が「社会」の外である「世界」からやってくる。これはロマン派的な考え方なんですが、どうしてもドラマが他力本願になりがちなんですね。そんなセカイ系が持つ課題を『まどか』は絆により乗り越えた。

宮台の右の言葉には、「ゼロ年代の思想」の大きな論点だった「セカイ系」を巡る議論の迎えた結論の一つが反映されているように思える。すなわち、社会の外部としての世界の謎を探求する試みは挫折せざるをえないから、手に届く範囲の人間関係の中に世界を見い出すべきなのだという発想である。

「日常の謎」という言葉は、図らずもそれと似たことを語っている。つまりこれは、日常の外部ではなく、その内部を「豊かな世界」として認め、その謎を探求するジャンルなのだ。そして米澤穂信は偶然にか、ゼロ年代の初頭から既にその結論に達して執筆を始めたのだった。

しかも「日常の謎」はミステリとして駆動するからこそ、その探求のあり方は「世界の謎」とは決定的に異なる。セカイ系に代表されるような「世界の謎」を探求するフィクションは、その謎の源泉を日常=社会から隔絶された外部に想定し、そこへ到達することを願う（そして挫折する）ものである。

ここでは具体例として、米澤がもともと〈古典部〉シリーズの一作として企画しながら、テーマ性が他の作品とあまりに異なるため一つの独立した小説としてまとめたとされる『さよなら妖精』（東京創元社、二〇〇四）を見てみよう。

『さよなら妖精』は、一九九二年に主人公の守屋路行が、高校からの帰り道でマーヤというユーゴスラヴィア人の少女と知り合うところからはじまる。マーヤは類い希なる好奇心の持ち主で、日常生活の中にたくさんの謎を見つけ、そのたびに「哲学的意味がありますか？」と言って質問攻めにする。守屋は質問に答えて日本の日常社会の隠された側面を教えながら、マーヤに惹かれていく。

好奇心旺盛な少女と「日常の謎」という構図は、『氷菓』と全く同じものである。もちろん別作品として変形されてはいて、『氷菓』において少女は千反田えるという地元の豪農の娘だが、『さよなら妖精』では外国人になっているわけだ。しかし、この変更は単にキャラクター造形を変えたというだけには留まらない、物語全体で決定的な意味を持たされている。守屋は次のように考えるのだ。

おれの狭い世界に、マーヤは風穴を開けたまろうどだった。別世界からの使者とも言える。マーヤはマーヤの視点で、政治家を志すユーゴスラヴィア人という未知の立場でもっておれの住んできた世界を再解釈していった。

おれも、それができるようになりたい。それはおそらく生涯で初めての熱情だった。おれはマーヤに惹かれたのか。違う、おれはマーヤに憧れたのだ。

ここで守屋は、マーヤの提示した「日常の謎」を解くことによって再解釈された日常よりも、マーヤ自身のほうに価値を見いだしてしまっている。それがよりはっきりわかる部分をさらに引用しよう。

弓道をやっているおれたちを、マーヤは面白いといった。しかしそう映るのはやはり、マーヤが異邦人だからだと思える。おれたちは特別なことをしているわけではない。まして哲学的などではない。マーヤがそれをいかに高度に取ったところで、おれがやってきたのは単なる部活動なのだ。

こうして守屋は、日常の外部＝「ここではないどこか」＝世界へと自分を連れ出してくれる存在としてマーヤに惹かれてしまう。そしてユーゴスラヴィアへ帰るというマーヤに、自分も一緒に行きたいと申し出る。しかし、マーヤは守屋が何も理解していないとして、きっぱりと彼を拒絶する。折しもユーゴスラヴィアでは後に国を滅ぼすことになる壮絶な内戦が始まっていたが、守屋はその事実すらはっきりと把握していなかった。彼にとってユーゴスラヴィアは単に日常の外部であり、その場所がどんな意味を持っているかにも気づかなかったのだ。だからマーヤは守屋に「観光に命を賭けるのはよくありません」と厳しい言葉をかける。

それでも彼は戦地となった祖国へ帰ってしまったマーヤを救うため、一年後にユーゴスラヴィアへ渡航しようと考える。しかし、その時にはマーヤは戦乱に巻き込まれて死んでいた。それがこの物語の結末だ。守屋は同級生だった太刀洗に言う。


「おれは、どこかで、間違ったかな」

太刀洗が答えた。

「いえ」

「間違ったと言ってくれたほうが、ずっと楽になるのに」

「でも、あなたが間違っていたわけじゃない」

もちろん、そうだ。おれがしくじったから、この結果を迎えたわけではない。おれは思い違いした高校生だっただけで、そのせいでマーヤが死んだわけではない。そこまで慢心はしていない。おれがなにを望んでも、どう動いても、きっと結果は同じだった。しかしなんということだろう。自責さえ許されないとは。


これは「日常の謎」ミステリ、あるいは〈古典部〉シリーズがセカイ系に接近してリトライ不可能なバッドエンドを迎えてしまう物語なのだ。だからこそ米澤は〈古典部〉シリーズを存続させるため、本作を切り離す必要があった。

守屋は間違えなかったが、思い違いはしたという。つまり謎は淡々と解かれたが、その意味を思い違えたのだ。では彼はどうすればよかったのか。『さよなら妖精』の中に、そのささやかなヒントがある。それは、マーヤにせがまれていかにも日本的な墓地を訪れた際に、墓石に書かれた「文化元年」の文字を見て太刀洗が「没年が読めるわ。……過去って、本当にあったのね」と漏らすシーンである。

これは太刀洗が「過去が本当にあった」という歴史性へ啓かれて、日常＝社会＝世界の理解に至ったという描写だ。しかしそれとは対照的に、守屋はそこで、文化年間に比べて平成年間は世界が複雑すぎて何も把握できないという感想を抱いた。守屋が思い違いをしたとすればおそらくそこである。彼はマーヤに請われて何度も「日常の謎」を推理した。推理とは現在に残された痕跡から過去を探ることである。にもかかわらず彼はそこで、「過去が本当にあった」という歴史性へのまなざしに至って、日常＝社会＝世界を身辺に感じることができなかった。彼の迎えたバッドエンドはそういうものである。

ここでの守屋の過ちを考えると、次のようなことが言える。セカイ系、あるいはポストモダン文学的なナラティブは、しばしば「ここではないどこか」という物理的な遠さ（距離）で象徴される存在によって実存的不安を浮かび上がらせる。宮台が「ロマン派的」と呼んだのがこれである。一方、日常系、あるいはミニマリズム文学的なナラティブは、物理的な距離を必要としないように作られている。しかし日常系は、先述したように、単に選ばれるモチーフが卑近であるという理由で、しばしばフィクションとして想像力の劣ったもののように考えられてしまう。その課題を、ミステリのジャンル性によって乗り越えさせるのが「日常の謎」である。より具体的には「推理」に駆動されながら、時間的な変移すなわち「過去が本当にあった」という歴史性の導入によって日常空間の中にダイナミクスを生み出す。これこそがセカイ系の迎える必然的な隘路を認め、ミステリというゼロ年代にとって親和性の高かったジャンルに可能性を見いだしながら「ゼロ年代の思想」を更新する手段なのだ。京都アニメーションは『らき☆すた』『けいおん！』でもキャラクターの過去や成長を効果的に見せることで作品に歴史性を導入していた。たとえば『らき☆すた』は若くして死んだ母親についての追憶を語るエピソードなども描いたし（第22話）、『けいおん！』は単純に女子高生の入学から卒業までを描いた物語になっている。それらは平凡なビルディングスロマンの再生産として軽視される傾向にあったが、こと日常系において、永遠に続くかに見える日々の中で過去や未来が示されることの意味はより重視されるべきだったに違いない。そしてさらに米澤穂信はミステリの方法論を援用しながら、より明確に歴史性への視線を強めて物語のダイナミクスを顕示したということができる。

ただし注意すべきなのは、歴史の参照が、単純にセカイ系的な外部の追求に置き換えられてはならないということである。なぜなら過去は遡行不可能で、登場人物の誰も過去をそのまま追体験することはできないからだ。米澤がしばしばそうするように、ミステリにおける推理とは、本来ならすべてが仮説に終わることを前提に行われるものであり、「世界の謎」の追求と同様、真実には到達し得ないものである。そのことを米澤は強調している。米澤のミステリがしばしば鈍らせた刃で骨を挽くがごとき不気味さと後味の悪さを漂わせるのは、こうして真相が宙吊りにされるからこそだろう。

4

『さよなら妖精』が「日常の謎」の重みに気づかずにセカイ系を志向し、バッドエンドとして終わったのに対して、『氷菓』はその作中で明確にグッドエンドへ向おうとする。一言で言えば、〈古典部〉シリーズは、「過去が本当にあった」ことを確認しつつ、人々がそれをどう取り扱うべきかというところまで踏み込んでいく。

〈古典部〉シリーズの中でその極限にまで至っているのは、おそらく『遠回りする雛』に収められている短編「心あたりのある者は」だろう。ここで探偵役である主人公・折木奉太郎が繰り広げる過去への探求、つまり「推理」は、完全に間違っている。しかし折木は、「推理」によって導かれた結論を前にして、ヒロインである千反田と笑いあうのだ。これに限らず、折木は常に千反田の好奇心、あるいは気がかりを満足させるために「推理」を行ってきた。その目的が達せられて、二人が笑い合うことができれば、真実であるかどうかなど何の関係もない。「推理」が必要とされるのは、「二人にとっての」過去が本当にあることを示して、過去から現在への道筋を描き、ただ現在の人々の心を満たすためである。この短編が描いているのはそのことだ。

米澤にとって以上のような歴史性へのまなざしは、デビュー当時から一貫している。たとえばそれは『氷菓』の第一作の中で、謎を解く鍵となる古典部の文集「氷菓」の序文に忍ばされている。そこには次のように書かれているのだ。

全ては主観性を失って、歴史的遠近法の彼方で古典になっていく。
いつの日か、現在の私たちも、未来の誰かの古典になるのだろう。

「歴史的遠近法」とは、明らかに歴史性をもって物理的な遠さがもたらすフィクションのダイナミクスに置き換えることを意識した文句である。そしてその果てしない先において物事は「古典」として、真相を問えないものになっていく。

しかもなお念入りなことに〈古典部〉シリーズは、事件の起こる瞬間、つまり歴史を持たない「いま・ここ」において真相に居合わせること、いわば事件の「現場」を目撃することすら、そう簡単にはできないという釘をも刺すのである。具体的には『クドリャフカの順番』の中で、登場人物の福部里志は、折木の「推理」、つまり状況から歴史を参照することができる能力に羨望の念を抱き、ならば自分は犯行の現場に立ち会うしかないだろうと考える。しかし彼はそれに失敗し、自分にできることは自らの能力を諦めて、折木に期待することだけなのだと自嘲する。

我々は常に歴史を参照することしかできない。セカイ系的な「ここではないどこか」でも安易な共時性につながる「現場」でもないものに、我々は向き合い続けねばならないのである。

もっとも、ここで福部がなぜ意気消沈するかというと、中学時代からの付き合いである折木が、高校に入学して千反田に出会って以来、かつてはその片鱗すら見せなかった「推理」の能力を、どんどん伸ばしていっているからである。自分はともかく、折木は変わっていってしまう。そのことに福部は戸惑うのだ。その戸惑いは理解できる。彼らはみな変わっていってしまうのだ。「省エネ」を信条としていた折木は少しずつ積極性を見せるようになるし、千反田は折木との関係の中で自分の本分を見いだしていく。福部を想う伊原摩耶花は『クドリャフカの順番』で生まれた軋轢が遠因となって、後の作品では漫画研究部を退部している。つまり、登場人物たちもまた時間の中にいて、「いつの日か、現在の私たちも、未来の誰かの古典になる」のだ。先ほど引用したこの言葉は、実は『氷菓』の作品の謎解きそのものとは全く関係がない。登場人物たちにもほとんど気にされない。これは作者が作品に織り交ぜて、自己言及的に彼らが時間の中にいることを示唆した言葉なのだ。折木は歴史を参照するが、それは彼の前から隠された真実が過去にあるからではない。そして彼自身もまた歴史そのものになって、誰かに参照されるのだ。

改めて「ゼロ年代の思想」について思いを馳せよう。その批評の対象であり続けた京都アニメーションが制作したこの作品の示唆から、人々は学ぶことができる。ゼロ年代における思想的達成もまた、「全ては主観性を失って、歴史的遠近法の彼方で古典になっていく」だろう。そして「いつの日か、現在の私たちも、未来の誰かの古典になるのだろう」。

東が近代文学と『ゲーム的リアリズムの誕生』を接続したように、「ゼロ年代の思想」もまた一〇年代の思想へと接続され、二〇年代の思想へと接続され、未来から参照されるはずだ。そうなるに違いないし、そうであるべきである。我々はその準備をしているのではなく、常にその過程にある。

II 意味／記号

「物語」とからくり

世界を物語として生きるために

Ⅰ　和製ＲＰＧを選ぶということ

言うまでもないことだが、ゲーム業界における日本の先進性は失われている。そこに異論を差し挟む余地はないだろう。九〇年代までと違い、今日にゲームという文化における日本の主導権はない。たしかにニンテンドースイッチはよく売れているが、しかし海外市場は開発側にとって全く無視できない規模であるにもかかわらず、国内でヒットしたハードやソフトが必ず海外市場において成功するとはもはや言えなくなっている。むろん日本でのヒット商品が世界的に受け入れられることがないわけではない。しかし日本で最高峰のゲームであるならば、すなわちそれは世界一のゲームだと言っても差し障りのなかった九〇年代までと、状況は決定的に異なるのである。逆の例をあげるならば、Xbox シリーズは日本国内での販売台数が著しく少なかったにもかかわらず国際市場において好調を続け生き残っているという事実こそが、ゲーム市場における日本の影響力の低下を示している。

念のため断っておけば、このような事実は今さら国内のゲームクリエイターを深く傷つけるような類のものではない。彼らは既にそのことを十分に理解し、作品ごとに国内外の購買層をよく意識して開発に取り組んでいる。さらに言えば、以上のような事実をもって、今や日本のゲームは失墜し海外ゲームがその市場を奪うのだという言い方をすることもできない。少なくとも今のところはそうではない。蓋しゲームが語られるときには販売数やトップシェア争いにばかり興味が集中しがちだが、そのような見方はただ一つのハードが、つまりはそのハードを開発した国である日本が、ゲーム業界全体を牽引できたような時代にのみ可能なものであって、それは複数のハードがそれぞれに個性を持って共に並び立つ現状を正確に理解させる助けにはならないだろう。従って、僕が冒頭に挙げた一文も次のように注釈を付けると、より分かりやすい。すなわち、ゲーム業界における日本の先進性は失われているが、それは日本のハードやソフトが他国のそれと同じく相対的な立場に置かれるようになったということ、そして今や世界中のゲームプレイヤーがそれぞれの嗜好によってテレビのチャンネルを選ぶかのようにハードやソフトを選択しているということを示しているのである。少なくとも二〇二〇年代現在において、我々はそういう状況にある。

そして、かような時代だからこそ、我々はむしろ日本のゲームがどのような特徴を持っているのかということをようやく自覚できるようになった。『ドラクエ』と『ファイナルファンタジー』に代表される和製RPGは国内においてむろん高い人気を誇っているが、しかし日本での人気に比べると海外でさほど受け入れられていないのはよく知られていることである。[*1]『ドラクエ』はシリーズ中で海外での売り上げが最も多い『XI』(二〇一七)でも全世界を合わせた累計が六〇〇万本を越える程度であり、日本国内での発売一〇日で三〇〇万本以上という状況とは温度差が感じられる。古くから海外バージョンの販売に熱心な『ファイナルファンタジー』シリーズは『VII』(一九九七年)が全世界で一〇〇〇万本近く売れるなど『ドラクエ』に比べて支持されているが、しかし日本のようにゲームハードを持つプレイヤーの多くがこのシリーズの新作を意識するわけではない。そもそも『ファイナルファンタジー』シリーズが積極的に海外バージョンをリリースし始めた頃には海外の人気ジャンルは『DOOM』（id Software、一九九三）や『Grand Theft Auto』シリーズ（DMA Design、一九九七－）のヒットに代表される一人称もしくは三人称視点のシューティングゲームに移っており、ＲＰＧというジャンルそのものが活況とは言えなくなっていたのである。

重ねて言うが、以上のような国内市場と海外との差異は、かねてよりよく知られていた。しかし我々はその意味についてあまり考える必要がなかった。日本で受け入れられるタイトルが海外であまり売れなかろうと、どのみち日本はゲームの最先端であると信じることができたから、気にする必要がなかったのである。しかしゲーム全体を代表していたつもりの我々がその地位を退くと、我々がゲームに望んでいたものが、実は世界市場のそれとは必ずしも一致していなかったということがはっきりと確認できるようになった。ただしそれは、和製ＲＰＧなど元来日本ローカルな人気しか持たない唾棄すべきものだなどということではない。そうではなくて、この時代に我々が考えるべきなのは、我々が『ドラクエ』や『ファイナルファンタジー』のようなＲＰＧを選択し続け、『Grand Theft Auto』のほうへ流されていかなかったということにはどんな意味があったのだろうかということである。

2　堀井雄二はＲＰＧを変えたのか

海外にもＲＰＧファンは存在し、人気タイトルもまた存在するが、その作風は『ドラクエ』や『ファイナルファンタジー』に慣れたプレイヤーの知るものとはやや異なる。とりわけ多人数同時参加オンラインＲＰＧの草分け的存在である『Ultima Online』（Origin Systems、一九九七）のヒット以降、海外ＲＰＧは明確にメジャーな和製ＲＰＧとは違うものになったと言えるだろう。むろんネット上での多人数プレイというのはシステム上の決定的な違いを生むが、純粋にゲームとして考えれば『Ultima Online』には従来の『ドラクエ』型のＲＰＧと違ってゲームを終わらせるための物語的な目的が強く打ち出されず、その代わりゲーム世界内で生活していくためのギミックが充実している。釣りをしたり、家を建てたり、商人になったり、結婚したりという自由度の高さこそが『Ultima Online』というゲームの面白さとして提供されており、後続の多人数同時参加オンラインＲＰＧは大多数がこの路線に沿った。ほかにも海外ＲＰＧにおいては、オンラインでない作品でも、三〇〇万本以上を売り上げたヒット作『The Elder ScrollsIV: OBLIVION』（Bethesda Game Studio、二〇〇六）などのように、本篇とは関係のない登場人物たちの行動やマップの広大さ、プレイヤーが取ることのできる行動の多様さなど、自由度の高さに拘ったものが多く作られ、評価される傾向にある。

こうした作風は年を追うごとに大きなヒット作を生むようになる。最近では新型コロナウイルスによるロックダウン下にリリースされ、世界中の注目を浴びた任天堂の『あつまれ どうぶつの森』（二〇二〇）も似たタイプのゲームだと言える。もっとも、ゲーム世界を仮想現実として作り込み、自由度の高いその世界にプレイヤーを住まわせるというやり方は、昔から海外RPGでは頻繁に見られたものでもある。例えば前述の『Ultima Online』の一〇年近く前に作られた同シリーズの旧作『Ultima IV Quest of the Avatar』（一九八五）には、街中での盗みや殺人などの行為が『Ultima Online』と同様にプレイヤーに可能な行動の一つとして既に用意されていた。[*2] あるいはここで広大なマップについて考えてもよい。海外RPGのマップがしばしばほとんど無意味なほどに広すぎることは、かつて日本のゲームファンによって「洋ゲー」の瑕疵のように指摘されていたことだ。しかし海外の開発者が世界を現実として作ることを目指したならば、世界はプレイヤーが目的を見失い途方に暮れるほど広すぎて当然なのである。かように欧米のゲームは、しばしばゲーム世界を現実として感じられるように作り込む。その自由度はRoleplayingという目的のためにゲームが備える内容としてふさわしいものであるが、ゲームの筋を無視してあらゆる犯罪行為を際限なく行える『Grand Theft Auto』シリーズのように、今や海外ゲームではジャンルを越えて意識される傾向にあると言っていいだろう。

　では海外RPGが古くからおおむね、現実さながらのような自由度の高さを志向していたとして、和製RPGは何を意識しながら進化してきたと言えるだろうか。和製RPGの基礎を作った『ドラクエ』シリーズに注目してみよう。『ドラクエ』のプレイヤーキャラクターは、しばしばプレイヤーの分身であると言われる。『ファイナルファンタジー』シリーズなどのプレイヤーキャラクターと違ってゲーム内で台詞を喋らず、しかし「はい／いいえ」という選択肢による判断だけはプレイヤーに行わせることによって、このゲームはプレイヤーキャラクターに対するプレイヤーの自己同一化を強く促す。スーパーファミコンでリメイクされた『III』（一九九六）に見られる、質問に対するプレイヤーの回答を元にプレイヤーキャラクターの「性格」が決定される演出なども、プレイヤー自身がゲーム世界に存在しているのだと思わせるための仕掛けの一つだと言っていいだろう。堀井雄二は『電子遊技大全』（UPU、一九八八）に収められたインタビューの中で「僕はゲームの本質を、狭い固定された現実の世界を忘れ、別の自分、別の人生を体験することだと思っている」と答えており、この点で『ドラクエ』は海外RPGが目指していた「プレイヤーをゲーム世界に住まわせる」という目的に全く忠実であると言える。しかし堀井は同じインタビューの中で、海外RPGと『ドラクエ』の違いについて次のようにも述べている。[*3]

まず、何をすべきかがプレイヤーにすぐ分かるように、目的をゲームの冒頭で提示したのです。また、情報がプレイヤーに速く伝わるように、アメリカのRPGに比べて絵が沢山出てくるようにしました。なぜなら例えばこの場面は町なのだ、とプレイヤーが理解するには、言葉で書かれた説明を読むより、町の絵を一目見た方がてっとり速いからなのです。ストーリー性や絵は、プレイヤーにとってよりゲームを分かりやすくするためや、より感情移入をしやすくするために必要であるならば、当然あった方がいいと思います。（一二頁）

明確な目的が提示され、順路がグラフィカルに分かりやすく示されるような世界は、海外RPGがプレイヤーに住まわせようとした「別の現実」としての世界とは全く異なる。ではこの世界とは何だろうか。堀井が「目的」と述べていることに注目しよう。ここでの「目的」とは、必ずしも「ゲームの勝利条件」を意味しない。『ドラクエ』において最初に教えられる「竜王を倒せ」というメッセージは、ゲームのルールを明らかにするものではなくあくまで「ストーリー上の目的」である。堀井はその言葉通り、RPGへ「ストーリー性」をもたらそうとしたのだ。たしかに堀井は、海外RPGと同じくプレイヤーを「狭い固定された現実の世界」から遊離させた。前述の性格設定などのように、後のシリーズでもプレイヤーが別世界に没入できるように配慮している。しかしその別世界とは、プレイヤーにとっての新たな現実ではなく、「ストーリー性」、つまり物語なのだ。『ドラクエ』とはつまり、プレイヤーを物語に生きさせるように作られたゲームだったのである。

この試みは国内において成功し、『ドラクエ』以後の国産RPGはそのスタイルを流行させたため、海外RPGとの間に決定的な違いを生んでいく。プレイヤーを別の現実に生きさせようとする海外RPGに対して、国産RPGは一言で言えば物語を読ませるメディアとして発達したのだ。そのため『ドラクエ』について国内で初期になされた目立った批判も、物語としての不出来に集中している。例えばゲームライターとして高名だった山下章はファミコン版『ドラクエⅢ』発売当時に「王様が勇者を全く支援しないのはおかしい」「どこの町に行ってもみんなプレイヤーキャラクターが勇者だと知っているのは変だ」などと指摘し、その指摘に従って堀井は『ドラクエⅣ』のシナリオを改めたという（『電脳遊技考』、電波新聞社、一九九〇）。このような指摘からも、まずプレイヤーの関心が「ゲーム」ではなく「物語」に向けられていることがわかる。一見すると海外RPGが目指したような「現実感」を求めているかのようなこの指摘は、実際には物語上の辻褄あわせ、すなわち「物語らしさ」

を期待したものなのだ。それはゲームの目的を分かりやすく示そうとした『ドラクエ』の当初の狙いからも、仮想世界を志向した海外ＲＰＧからも離れたもので、プレイヤーが生きる世界を物語らしく整備することへの期待なのだ。

3　類型の異形

「世界を物語らしく整備する」という配慮は徹底されすぎるとしばしばプレイヤーの求める既知の展開へと物語を誘導し、これを類型化させる。実際、ハイファンタジー的な世界観を持った国があって王が玉座に鎮座し、勇者が姫を助けて国を救うというひどく典型的な内容を持ったゲームは和製ＲＰＧにおいて尽きることなく存在する。だが和製ＲＰＧにおいてストーリーの類型性が問題視されることは少ない。国産ＲＰＧはゲーム性を強く求めるプレイヤーからしばしば「ストーリーの面白さ」がすなわち「ゲームとしての面白さ」として混同されやすいと批判されるが、そのような指摘からはむしろ類型化を危惧すべきなのはシステム面であるという理解が伺えるのであり、物語についてはひとまず不問にされていると言えるだろう。いずれにせよ極めて安易な設定を持つ物語でもプレイヤーから斥けられることは少ないのである。大塚英志は『キャラクター小説の作り方』（講談社現代新書、二〇〇三）において、テーブルトークＲＰＧを例に出しながら「ゲーム」あるいは「ゲームのような小説」に見られるこのような類型化を「小説の可能性をせばめることに他ならない」（二九二頁）として批判した。この大塚の批判に対して、東浩紀は「メタリアル・フィクションの誕生」（『文学環境論集東浩紀コレクションL』収録、講談社BOX、二〇〇三）の中で次のように指摘している。

TRPGの物語は、特定の規則に則って有限の要素を組み合わせることで生まれる。したがって、そこで語られる物語は、装飾的な細部がいくら多様で複雑であろうとも、基本的には予想を超えることはない。主人公はヒロインを救い出すだろうし、強大な敵は打ち倒されるだろうし、世界の秘密は最後には明らかになるだろう。文化人類学や民俗学の成果を持ち出すまでもなく、このような類型化は、TRPGに限らず、神話や民話から近代小説まで、物語というもののもつ本質的な特徴であることが知られている。そして、「ゲーム」あるいは「ゲームのような小説」を批判するとき、大塚の念頭にあるのはまさにこの特徴である。（二四頁）

東は大塚のゲーム批判とは結局のところ類型化を避け得ない物語そのものを糾弾しようとする態度、すなわち「物語批判」なのだとしてこれを論難する。さらに彼は、類型化を免れえないことを前提とした上で書かれる新しい物語の可能性をゲームに求めて、『ゲーム的リアリズムの誕生』（講談社現代新書、二〇〇七）をまとめている。同書の充実した議論とその到達点は高く評価すべきものだが、しかしそこで大塚の提示したTRPGに代わる例として出されるのは豊富なストーリー分岐を内包したノベルゲームであって、『ドラクエ』のようにおおむね単線的なストーリーを持つRPGではない。したがって東は大塚のゲーム＝物語批判を斥けることに成功しているが、同書の議論だけでは一般的なRPGが大塚の批判を免れることはできないのである。ところが前述したように、世界のゲーム市場における日本のポジションが低下した今になって、我々は物語にプレイヤーを住まわせるという国産RPGの成り立ちが世界的に見て特殊なものだと考えることが可能になっている。尖った髪型で端正な顔立ちをしたアニメのようなルックスの人物をロールプレイしなければならない日本のRPGは、自分自身として別の現実を生きる海外RPGのプレイヤーからすると確かに奇妙なものなのだ。[*4] それは単に類型的な物語の語り直しと言って済ませるには特異にすぎる。しかしだからこそ、プレイヤーを「物語に生きさせる」仕組みは独自性のあるものとして残り、近年では海外にも根強いファンがいる。

また「小説家になろう」などのウェブサイトで半アマチュアのクリエイターによって執筆され、コミカライズやアニメ化されれば爆発的な人気を博する「異世界転生もの」の小説群は、今や日本のポップカルチャーの中で一大ジャンルを成しているが、このジャンルの主人公が現実から「転生」する先である「異世界」とは、まさに和製RPGが長年繰り返し描いてきた、類型的で平板な設定に基づいた世界である。その見知った世界の中で、まるで序盤から最強レベルに達した「つよくてニューゲーム」のキャラクターのごとく、さしたる困難もなく物語世界を「攻略」することを、読者たちは楽しんでいる。こうした物語のスタイルもまた海外で注目され、今では韓国のウェブトゥーンなどで同ジャンルの作品が見られるほどになってきた。『ドラクエ』以降、長年にわたって「物語という世界」に生き続けた日本人は、この突然変異のような物語体験を、ますます異形のモンスターに育てあげている。

註

＊1　世界で最も売れている国産RPGは『ドラクエ』でも『ファイナルファンタジー』でもなく『ポケモン』シリーズである。このことは、世界市場ではRPGにストーリー性よりもゲーム世界の充実（作り込み）が望まれがちであるという本稿の論旨の裏付けの一つになり得る。

＊2　または、『ドラクエ』が開発当初に参照した海外RPG『Wizardry』の自由度の高さについて考えてもいい。前掲した『The Elder ScrollsIV:OBLIVION』のように、最終ボスを倒すという目的は存在するものの、実際には迷宮において延々とキャラクターを成長させることが醍醐味のゲームである。

＊3　このような演出は『ドラクエ』が開発当初に参照した海外RPG『Ultima』シリーズなどにも見られる。

＊4　和製RPGに対する海外一般ユーザーからの違和感の例としては『Why are Japanese RPG's so ... ummm ... gay?』（なんで日本のRPGはすごく…んー…ゲイっぽいんだ?）などが分かりやすい。(http://www.irserious.com/2006/10/23/why-are-japanese-rpgs-so-ummm-gay/)

ポケットの中の（はてしない）図鑑

江戸時代後期、岩崎灌園による『本草図譜』が必要とされたのは主に薬学的領域においてである。これは有用な、または有害な草花への注意喚起を求めるものだった。すなわち我々が野山を探索するとき、この図鑑の記述にあたることで、あるいはそれを反芻することで、数多ある植物はどれも同じではなく、特別なものだけが存在感を増すのだ。

僕たちが自然の中を歩き回るようなオープンワールド型のゲームを――たとえば『モンスターハンター：ワールド』（カプコン、二〇一八）や『ファークライ5』（ユービーアイソフト、二〇一八）をプレイするときには、実際にそのようなことが起きる。ゲームの中で薬にしたり売り払ったりできる植物は、フィールド上で遠くから視認できるよう目立つ色で描かれたり、あるいはもっとわかりやすく、ハイライト表示のように光り輝いていたりする。所詮ゲームがリアリズムを求めないと考えるなら、それはいかにもゲームらしい、非現実的な見せ方のようでもある。だが我々が図鑑的知識をバックボーンに持つことで、リマーカブルなものが際立って目に映るという視覚のあり方を表現しているとするなら、それはひとつのリアリズムに基づいたことである。

ところでゲームにおける図鑑と言えば、「ポケットモンスター」シリーズ（任天堂）に登場する「ポケモン図鑑」があまりにも有名である。これはゲームボーイ用の第一作『ポケットモンスター赤・緑』(一九九六)から今にいたるまで実装されている、ゲームの中心的なシステムのひとつだ。作品の冒頭、プレイヤーとそのライバルを呼び寄せた科学者オーキド博士は、この図鑑について以下のように語る。

このせかいのすべての
ポケモンをきろくした
かんぺきなずかんをつくること!
それがわしのゆめだった!
しかしわしももうジジイ!
そこまでムリはできん!
そこでおまえたちには
わしのかわりに
ゆめをはたしてほしいのじゃ!
さあふたりとも
さっそくしゅっぱつしてくれい!
これはポケモンのれきしにのこる
いだいなしごとじゃー!

いまや説明するまでもないかもしれないが、右の文中で「ポケモン」と書かれているのは、このゲームに登場する多種多様なモンスターたちのことだ。このゲームは、本来なら敵であるモンスターたちをプレイヤーが仲間として集め、育成し、戦闘に使役しながら、自分以外のライバルたちと戦っていくという内容になっている。つまり集めたポケモンを、他プレイヤーと戦わせることができるのだが、持っているポケモンを他人と交換することもできる。この通信機能の成功もあって、同シリーズは大ヒット作となった。

プレイヤーがポケモンを一匹つかまえると、その種類のポケモンが図鑑に登録される。これが『赤・緑』におけるポケモン図鑑の仕組みだ。かくしてプレイヤーは、このポケモン図鑑を完成させることを最初の動機として冒険の旅に出発することになる。

『ポケモン』の開発に携わった田尻智は、収集、育成、対戦、交換などの特徴的な要素を、昔ながらの子供たちの遊び、たとえばメンコや昆虫採取などから発想したと語っている。彼は、もともとは『ポケモン』を平凡なRPGにしようと考えていた。だが、登場するモンスターの「図鑑」用にテキストを書いているうち、これらのモンスターを集めることをゲームの主な目的にしたほうが面白いのではないかと思ったのだという。

これは、ゲームにとってなかなか革新的なことであった。なぜなら『ポケットモンスター 赤・緑』は、たしかに画面を一瞥する限りは当時のゲームとしてごく普通のRPGと言えそうなものだったが、ゲームをプレイして提示されるのは、姫を救出したり世界を救うような定番の目標ではないのだ。図鑑を完成せよ、というのだ。それが目新しかった。

ただ結局、図鑑を完成させるべくポケモン集めに乗り出したプレイヤーは、やがて前述したようなライバルたちとの戦いへ巻き込まれていくことになる。そしてついには「ポケモンリーグ」というリーグ戦に優勝することで、ゲームは華々しいエンディングを迎えるのだ。

その際オーキド博士はプレイヤーに「ポケモンずかんあつめにでかけたころとくらべるとたくましくなったな！」と語る。またそもそもゲームの最序盤、プレイヤーが冒険の旅に出かける際に、自宅にいた母がテレビで『スタンド・バイ・ミー』（一九八六）とおぼしき映画を見ながら「……そうねぇとこのこはいつかたびにでるものなのよ」と感慨深げに語るシーンもあった。つまりポケモン図鑑を完成させることが最初の目標のように提示されてはいたが、結局のところ筋書きには素朴なビルドゥングスロマンが結構を付けるのだ。

ただ、ならばポケモン図鑑の完成はゲームにとって二次的な要素なのかというと、そうとも言い切れない。なぜならオーキド博士の賞賛を受けたあとで表示されるエンディングの中で、プレイヤーの集めたポケモン数から、ポケモン図鑑の評価がなされる。そして図鑑を完成させようという指示が再度行われて、エンディング後もゲームは続行するのである。この事実は、いったいどういう意味を持つのか。

＊

中沢新一には『ポケモン』についての著書『ポケットの中の野生』がある。この中で、中沢もまたポケモンを捕らえてカプセル化し、使役できるというところに大きな価値を見出している。だが、ポケモンを図鑑に登録することにことさらの関心を抱いた形跡はない。図鑑登録の意味については、唯一、次のように書いている。

この小さな仮想宇宙の中に一五〇もの種を用意しておくことで、このゲームの作者たちは、流動的な生命の流れの中に非連続な切れ目を入れようとしている。背後に連続して流れる何かの潜在的な力を直観している子どもたちは、そこに切れ目が入れられることで、カオスを秩序につくりかえる知的な喜びを味わうことになる。種の多様性は、生命の世界のはらむ多様性を、直観的なイメージであらわすことができる。こういう分類は、図鑑などの大好きな子どもの中に、「野生の思考」の喜びをかきたててくれる。『ポケモン』は、分類ということが大好きな、「子どもの科学」の特徴をフルに活用してみせるのだ。

(『ポケモンの神話学　新版ポケットの中の野生』、角川新書、二〇一六)

ここで中沢は『ポケモン』における図鑑を、一般的な図鑑と同じものとして扱っている。つまり図鑑は、本稿の冒頭で挙げた『本草図譜』がそうであるように、未知の自然に知性をもって接するための手段としてある。

しかし、『ポケモン』の図鑑は、果たしてそういうものなのだろうか。

前述したように『ポケモン』は収集や育成などの目新しいシステムを擁しながらも、ゲームそれ自体は突飛なものではなかった。たとえば『赤・緑』には全部で一五一種類のポケモンが登場するが、それは当時の他のゲームに登場するキャラクターの数と比較して、決して多いわけではない。『赤・緑』の六年前に発売されたファミコン用の『ドラゴンクエストⅣ』(エニックス、一九九〇)には既に二〇〇種類ほどのモンスターが登場していた。当時は、あるモンスターの色味を変えることで別種のモンスターだとして扱うような、登場モンスターの「水増し」が常套手段だったせいもある。限られたデータ容量であっても、登場モンスターの数はそれなりに増やせたのだ。

注意を促したい。これは『ポケモン』がそうした「水増し」を行わなかったから尊いとか、あるいは一五一種類という少なさであってもそれぞれ個性的に作り込まれたモンスターを集め、プレイヤー自ら操作できるのが斬新だったとか、そういう話ではない。むろんここで重要なのは、それらが図鑑に登録されるということなのだ。

たとえば過去、『ドラゴンクエストⅣ』に登場した二〇〇あまりのモンスターについても、そのすべてに、プレイヤーは遭遇することが可能だった。いや、実際に遭遇していたかもしれない。しかし、多くのプレイヤーはそのことを強く意識することがなかった。なぜならすべてのモンスターと遭遇して撃破することは『ドラクエ』シリーズの主たる目的としては提示されておらず、ゆえに図鑑機能もなかったからだ。

ゲームを遊ぶということが物語を体験することであり、またクリアすることが結末を見ることだと考える人は今でも多い。八〇年代の『ドラクエ』シリーズに端を発する国産RPGが爛熟期を迎えた当時には、インタラクティブな物語装置としてゲームを捉える人はことのほか多かった。だからこそ『ポケモン』は、ゲームとは必ずしも用意された物語を読むだけを目的とするものではないという考えのもとに、プレイヤーがゲームを楽しむために目指すべき「やりこみ要素」を、図鑑という形で示したのである。つまり図鑑の完成とは、はじめからゲームの物語以外の、したがってエンディングとは無関係に用意された目的なのであった。

すべての敵キャラクターに遭遇する。すべてのアイテムを取得する。すべての場所を踏破する。難易度の高い特殊なプレイをやり遂げる。短時間でゲームをクリアする。こうした「やりこみ」は、八〇年代からゲーム雑誌などを中心にコアなゲームファンのあいだで楽しまれていた。九〇年代には徐々に一般的にも知られるようになり、一九九一年には『ファミコン通信』(アスキー)が「やりこみゲーム大賞」という、のちに定期開催される人気企画の第一弾を掲載している。

つまり『ポケモン』が登場した九〇年代半ば以降には、常人には不可能なほどのスーパープレイはともかく、ゲームの主たる部分以外でチャレンジングなプレイを楽しむ「やりこみ」は、一般的に楽しまれるものになっていたわけだ。図鑑の完成とは、そうしたプレイを推奨するためにゲーム内に実装されたシステムだった。

のちにマイクロソフトは二〇〇五年に発売したゲーム機 Xbox360 で、やりこみ要素を「実績」(アチーブメント)という名称のもと、あらゆるゲームタイトルに実装できるシステムを整える。ソニーのプレイステーション陣営やインディーゲーム中心のプラットフォーム Steam などもこれに倣っており、昨今はどんなゲームでもやりこみプレイを当然のものとして楽しめる。マイクロソフトやソニーのシステムを使わずとも、『ポケモン』がそうだったようにゲーム内でやりこみ状況をカウントする画面が用意されていることも多い。

要するに『ポケモン』の図鑑とは、ゲーム内にやりこみ要素が盛り込まれて、それがゲームの大きな楽しみであると大々的に示された例として捉えていい。

しかし、ならばここで我々が考えるべきなのは、果たしてそれは図鑑であるのか、ということだ。本稿の冒頭で挙げた『本草図譜』の例では、あるいは『モンスターハンター：ワールド』や『ファークライ5』の例でもそうだが、図鑑は自然界を眺める際に参照すべきデータベースとして機能していた。このデータベースは静的なもので、あらかじめ完成している。ところが『ポケモン』では、プレイヤーが図鑑を完成させることが目指されている。我々の側から未知の自然に対して関与し、掲載すべき対象をつかみとったとき、はじめて図鑑に新たなページが生まれるのだ。

これはオーキド博士が言うように、完璧な図鑑をプレイヤー自身の手で「つくる」ことである。我々自身が図鑑の編纂者となって世界を書物にまとめていく快楽をこのゲームは与えようとしている。オーキド博士は、プレイヤーに図鑑作成を依頼するのに先駆け、まだゲームが一切はじまっておらず、プレイヤーがユーザー名を入力する画面で「いよいよこれからきみのものがたりのはじまりだ」というメッセージを語る。ここで「きみのものがたり」という言葉が指すのは、筋書きとして用意されたビルドゥングスロマンではなく、図鑑を完成させることでプレイヤーが描き出す、「やりこみ」が生む、主体的なドラマのことに他ならないだろう。

静的なデータベースに対して、我々がダイナミックに構築していくデータベース。一般的な図鑑と『ポケモン』の図鑑を、そのような区別で語ることは可能だ。しかし、この図式はいささか安易である。ここでふたたび、注意深くならなければいけない。ゲームが行っているのは図鑑を作る快楽を与えることであり、それは真に図鑑を作る行為そのものではないのだ。

＊

改めて『赤・緑』の図鑑を振り返ってみよう。これは登録したポケモンについて、自動的にナンバリングが行われる仕組みになっている。たとえばポケモンのうちのひとつ「ゼニガメ」にはNo.007という番号が振られる。「キャタピー」であればNo.010だ。しかし、ならばこれらふたつのポケモンを手に入れたとき、プレイヤーは必ず、No.008やNo.009に相当するポケモンも存在すると考えるに違いない。ポケモンの総数が一五一種類だという事実すら、早い段階でメディアを通じて喧伝されていた。オーキド博士は、図鑑の完成は自身の夢であり、ポケモンの歴史に残る偉大な仕事なのだとまで持ち上げた。しかし残念ながら、ナンバリングがある時点でこれは、あらかじめ準備された、誰かによって既に通過された栄光に違いないのだ。

要するに『ポケモン』での図鑑作成とは、あるべき番号を穴埋めしていくことであり、その場合、静的なデータベースはプレイヤーの見えない背景にたしかに存在している。したがってこれは未知の自然をプレイヤー自ら分類整理するという意味でダイナミックな作業ではない。中沢新一は図鑑への登録を「背後に連続して流れる何かの潜在的な力」を感じた子供たちによる「カオスを秩序につくりかえる知的な喜び」として書いていた。だが明らかにされていなければカオスのように感じるにせよ、背後にあるのは秩序や体系そのものではないか。ゲームは、そのインタラクティブ性によって、プレイヤー自身の自由によって、あらゆる行動を行っていると強く感じさせてくれるメディアだ。しかしそれは結局のところ模擬である。ならば、そこで行われていることがより正確に何であるか、知っておく必要がある。

ゲームにおける図鑑登録の作業は、図鑑というより、むしろあらかじめ全体が知られている状態で、所有していないものを補完するコレクション性、昆虫採集の例で言うならば、あらかじめ図鑑で見知った昆虫を集めていく、昆虫標本作りに近いのではないか。もしくは、たとえばトレーディングカードを集めるような行為にも近いはずだ。『ポケモン』発売当時は一九九三年に発売されたアメリカ製のトレーディングカードゲーム「マジック・ザ・ギャザリング」が人気を集めており、『ポケモン』もこの波に乗って、発売と同時に独自のトレーディングカードゲームを販売開始した。それは単にトレーディングカードゲームのシステムと『ポケモン』の親和性が高かったから商品化したというのでなく、そもそも本質的に両者が同根のものであるという発想から、当然のものとして生み出されたと見るべきだ。

しかし、それでもたしかにこれはゲーム内において、図鑑の比喩で語られるべきものではある。なぜなら我々が真に図鑑を編纂するとしたら、それは常に、過程であり仮定でありながらも、確定であるものとしての全体像を夢想しながら作業するに違いないからだ。僕は先に『モンスターハンター』

ワールド』や『ファークライ5』は、我々が図鑑の存在を意識しながら野山を歩くとき、どのように世界を認識するかを強調して描き出していると指摘した。それと同様に、ポケモンの図鑑は、我々が図鑑について考える際、それこそが全体であると信じてしまうような安易さを正しく捉えている。

また、ゲームにおける図鑑は、静的なデータベースを背景に穴埋め作業をさせるような、閉ざされたものばかりだというわけではない。

『ポケモン』の図鑑が本質的にトレーディングカードと同質のものであるとするとき、我々は『ポケモン』の影響で無数に広がった、収集や育成、交換などの要素を持ったゲームもすべて同じ系に連なっているということに、当然ながら思い至るはずだ。端的に言えば、今日スマートフォンやブラウザ用のゲームとして盛り上がりを見せているソーシャルゲームと呼ばれるジャンルは、その嫡子としてである。

『アイドルマスター シンデレラガールズ』（バンダイナムコエンターテインメント、二〇一一–）や『Fate/Grand Order』（TYPE-MOON、二〇一五–）などのタイトルは、ルールとして全くカードゲームとは関係がないにもかかわらず、膨大なキャラクターたちをカードにして描いている。『艦隊これくしょん』（DMM.com、二〇一三–）のように、所有するカードを一覧する図鑑が用意されているタイトルも珍しくない。当然の帰結としてそれらのグラフィックデザインは、すでに図鑑というより、カードバインダーのようなものとして描かれている。田尻智が『ポケモン』を昆虫採取などから発想したのは、間違いないことなのだろう。だが、だからといってその図鑑が究極的にはカードバインダーの形をとっていくことに違和感はない。そもそも『赤・緑』の頃ですら、図鑑のページはルーズリーフを模したグラフィックで描かれていた。もちろん、それはバインダーで留めるためのものだったのだ。カードに描かれるのがキャラクターたちであるのも、もともと『ポケモン』がそうであったのと変わらない。ただソーシャルゲームのキャラクターたちは図鑑の上で均等に並べられることで、その所属組織やグループ、属性、性向ほかによって分類され、プレイヤーたちはその際立って組織化された社会全体を俯瞰して、その相関関係を前提に、あるいは描かれていない別の相関軸を二次創作的に捻出して、キャラクターたちの交流へと思いを馳せることになる。

しかも、キャラクターは実質、無限に増えていく。なぜなら、ネットワークを前提としたソーシャルゲームは、パッケージとして販売されるのではなく、サービスとして運営されるからだ。本書の冒頭、『Fate/Grand Order』についての論考でも触れたように、サービスとして運営されるゲームとは、つまり、プレイヤーと作品が、相互に影響を与え合うことがプレイとして成り立つようなゲームのことである。だからゲーム開発者はプレイヤーの反応を見てルールを変更したり、新たなカードを追加したり、各カードの強さを調節することになる。

こうした特徴は、もともとは前述した「マジック・ザ・ギャザリング」のようなトレーディングカードゲームのシーンでも古くから起こっていたことでもある。したがって今日のソーシャルゲームが『ポケモン』の嫡子であるのは間違いないが、ネットワーク上でサービスとして運営されることを重視した結果、『ポケモン』がそうである以上に、過去からあるトレーディングカードゲームのあり方を強く受け継いだという言い方もできるだろう。ただ、そのうえでソーシャルゲームは人物、つまりキャラクターを扱うことに独自の方向性を見出しながら、それが並べられる図鑑というメディアの意味を新たにしている。

ゲームの中で、いま図鑑は、白紙のページに収めるべき図像を積極的に集めさせ、なおはてしなく増殖を続けるものとして、しかもキャラクターを体系化して二次創作的な空想に浸すために、求められている。項目数が静的に定まりながらも、無限に拡張されていってしまう、新たなページを追加可能な、バインダーとして描かれることの意味もそこにあるのだろう。繰り返すがそれには、中沢新一が述べたような、カオスを秩序に変えていくような知的な分類整理の試みはない。むしろサービスが続く限り項目数を増やし続けて秩序化から逃れていく、また二次創作に利用できる余白を見つけ出そうとする、世界を書き換えていくためのオープンエンドな構造だ。それは既に、古くから知られるような図鑑の姿ではない。だが我々はそれでも、キャラクターのことをどこまでも知り尽くそうとする探索者として、この書物を昔ながらの名称で呼び続けるのだ。

寓話とアニメーションの間で

映画『鉄コン筋クリート』はなぜ分かりやすいのか

松本大洋の作品というのが世間一般にとってどの程度読みやすいと思われているか知らないが、少なくとも『こち亀』よりは分かりにくいとされているはずである。で、『鉄コン筋クリート』（小学館、一九九三－一九九四）はおそらく、松本大洋の作品の中でもずいぶん分かりやすいものの一つだと思われる。そりゃもう映画化されるほどには。もしこの作品に分かりにくい点があるとすれば、たぶん作者が比喩の意味をどこにも書いてないことだけだ。松本大洋の作品全般に言えることだが、キャラクターの言動も含めて作品内で起こるすべてのことが、それがどんなに暗示的であろうが比喩的であろうが心象風景っぽくあろうが、ただ写実的にしか示されないのだ。要するに誰も説明ゼリフを吐いてくれない。だから分かりにくいのだ。

もっとも、暗示や比喩めいたことを写実的な絵で示す漫画家なんて松本大洋に限らずいくらでもいるわけだが、その中で『鉄コン』がなぜ分かりやすいかというと、その喩えがあまりにもストレートだからだ。だいたい、人間の二面性が白と黒などというひどく単純な色分けによって示されたり、牡牛の頭を持った典型的な悪魔が描かれたりするんだから、何というか実にそのまんまなのである。また宝町を侵略しに来た蛇は「海の外から入ってくる連中」つまり外国人であり、「神に代わって」世を司るとか何とか言いながら資本主義の権化みたいに都市開発を進めるという、マックス・ウェーバーが聞いたら喜びそうな男なのだ。外国人が巨大資本で攻めてくるのである。こんなに分かりやすい話はない。ただ、こんなに単純な比喩をこんなに写実的に描いてしまうと、それが本当に単純な比喩なのか、読者にはよく分からなくなってしまう。というわけで、この漫画の分かりにくさとは往々にしてそれである。

しかしもちろん、『鉄コン』におけるひどく「分かりやすい」表現は、やっぱり作者にとっては、その設定や絵が示す比喩の意味通りのものを読者に伝えたいと考えられたものなのだ。宝町の街並みに並べられた昭和を感じさせる風物だって、もちろんまずは「良かった時代」に対するノスタルジックな気持ちを喚起させるための仕掛けとしてある。このような「分かりやすさ」を、作者は第一に「漫画的な漫画にしたい」という思いから選択していると思われる。つまり強くカッコよく、いかにも漫画的な強度を持った物語の分かりやすさがここで志向されている。ホームレスの老人が仙人のごとく箴言を述べるのも、漫画というのはそういうものだからである。漫画というのはそういう記号的なジイさんが出てくるところが面白いから登場するのである。

このような漫画的な面白さに対する積極性は、デビュー当時から松本大洋の長篇作品においては必ず志向されているフシがあるが、特に『鉄コン』は、その前作『花男』(小学館、一九九二)において実践された「漫画らしい分かりやすさ」をより追求したものになっている。松本大洋が一九九三年になぜこの「分かりやすさ」の追求を選んだのかは今は考えないが、ともかく『鉄コン』は直球の比喩と暗示がたくさん詰まった作品となっている。それは細部にわたって考え抜かれた上で提示され、作品に「分かりやすい面白さ」を与えるために使われているのだ。

例えば宝町の街並みに描かれる「ヨドバシ」「トリス」などの広告が、前述のような「良かった時代」やアジアの猥雑な街のイメージを読者に与えるのはすぐに分かるが、物語の後半に蛇が勢力を拡大していくとそれらはどんどん失われ、三巻のイタチが登場するあたりでは広告看板はほとんどなくなり、あってもごくおとなしい表現になる。それどころかビルの造形自体が現代的になり、見た目が突拍子もない建造物は物語冒頭からランドマーク的に存在したモアイと虎の像を除けば、蛇一味によって作られた「子供の城」だけになってしまうのである。これほど分かりやすい示唆があろうか。『花男』においてはユートピアとしての片瀬江ノ島を表現するために背景にちょいちょいと配されていただけのキャラクター群が、ここでは効果的な表現になるように管理され、物語と連動しているのである。一枚絵のように完成された洒脱な背景ゆえに、松本大洋は自らが好むモチーフを思いのままに描き込んでいると思われがちだが、少なくとも『鉄コン』においては細部にわたってコントロールした上でそれらを描いているのである。

原作の絵に込められた暗示的表現の例を、ついでにもう一つ挙げよう。宝町には亀やトカゲ、ワニ、カバなどの変わった動物たちが頻繁に描き込まれている。これらの動物たちは、かつての典型的な少女漫画において人物が背負っていたバラの花のような叙情的な表現ではもちろんない。しかし作者が単なるお遊びとしてコマに紛れ込ませた落書きでもないのだ。要するにこれらの動物たちは、実際にそこにあるものとして描かれているのである。現実の街角にこんな動物たちがいたら異常に決まっているが、宝町とはそういう、まるでお話の世界のような（漫画のような）街なのである。これらの動物が実体を伴ってそこに存在することは、二巻の三二ページのようにコマの移行による時間経過やアングルの変化を越えて描かれることで、わざわざ強調すらされている。そして、これらの動物たちは三巻に入るとあまり姿を見せないようになり（正確にはじっちゃのいる場所にしか描かれなくなる）、やはりイタチが登場する頃には完全に姿を消す。ビルの広告と同じく、一巻で「近々この街は蜂の巣をつついたような騒ぎになる」とか「この街はもう長くねえ」と言われていたことが、言葉の上だけではなくちゃんと絵的な、すなわち物理的な因果として表れ、古き良き「漫画の街」が都市開発によって駆逐されるという構図ができあがるわけである。

この、現実が暗示を伴って姿を変えていく奇妙な世界は、民話や神話のような、一昔前なら「魔術的な」とか呼ばれた種類のリアリズムと同じものだ。非現実的な事物が現実として描かれながら、同時にキャラクターの心理と連動した心理描写そのものなのである。逆に言うと、この作品には精神世界を絵にしただけの、心象風景としてのコマは存在しないということでもある。動物たちをあえて実体として描いてみせていることからも分かるように、松本大洋は精神世界と現実がない交ぜになったようなこの「漫画」世界にこだわっている。だからラストのイタ

『鉄コン筋クリート』第２巻（小学館、1994年）、p.32。

チとの対峙などは心象風景にきわめて近いが、それもまたこの漫画にとっての「現実」の一部として扱うべきだろう。

だが、はっきり言ってこんな世界をそのまま映像化するのは難しい。漫画ならまだいいのである。背景に変なものが描かれたり、時間と共に街並みが勝手に変わっていっても、ヘタをすれば気づかずに読み飛ばすことだってできるのだ。なぜなら漫画のコマは、それぞれが連続した時間を表していたとしても一つ一つはやっぱり独立した絵として見ることができるからである。前後のコマの連続性がアニメや実写より少ないから、唐突に絵の中に変な物が入ってきたって平気なのだ。コマをまたいで亀が描かれることでその実在を強調されていようとも、読者はそのそれぞれを一枚の絵として読むことだってできてしまう。「こんなところでいきなり亀とか出てくるのはヘンだろ」と思わずに読み進められるのだ。松本大洋のような画力のある作家が描くのだから、なおさら何となく読み飛ばせてしまうのである。画力があるというのはエラいもので、難なく読み飛ばせるということでもあるのだ。しかしアニメや実写ではそうはいかない。フィルムの上で時間は流れ続け、前後の瞬間と常に連続している。ビルの形が勝手に変わっていったりしてはいけないし、断りもなしに亀がポコッと現れては不自然なのである。現実にある空間としての「もっともらしさ」を意識して街を描きたいのなら、なおさらそうである。

映画『鉄コン筋クリート』はこのような原作の特徴を十分に理解した上で、アニメとして、また映画として分かりやすくするための工夫を随所で行っている。冒頭から「マッチを擦ると暖かいけど火の中には破壊の力が秘められている」みたいなことを言い出して、この作品の比喩をじゃんじゃん強調しているのもそうである。また冒頭ではネズミが宝町という街を評して「お伽の国」であると述べ、要するに「このお話は絵的にけっこう変なことが起きますけど、全部そういうものとしてホントに起こるような世界だと思って見てくださいね」という観客に対するアピールが行われる。原作における魔術的なリアリズムが、「お伽」という言葉で説明付けられているわけである。

また原作のようにあちこちに動物を配したり建物に歪みを持たせることができない代わりに、それらの特徴をエッセンスとして抽出し、映画全体にちりばめることで原作の世界観を崩さないように配慮している。建物の線は歪んでいないが、その代わりに表面が『三丁目の夕日』的な昭和と、猥雑なアジアっぽい意匠でテクスチャのように覆われ、無国籍かつノスタルジックな街並みを表現している。さらには銭湯においてシロが妄想した象がちゃんと実体化し、部屋の中を横切るシーンまである。映画スタッフは街中の至る所で動物を這い回らせる代わりに、一シーンだけ印象的な形で象を実体化させることを選んだのだ。つまり原作と違う写実的な路線を採りながら、部分的に原作の要素を織り交ぜることで実在感のある宝町を作り上げているのである。

かように原作のリアリズムをエッセンスとしてのみ継承したことで、この物語のテーマは観客にとってより分かりやすくなった。だがしかし、世界に合理的な構造を与えた代償として、原作における現実と非現実の交錯する世界ははっきりと失われている。「お伽の国だ」などと断っておきつつも、何だかんだ言って結局のところすべてにそれなりの合理的説明が加えられてしまうのだ。例えば原作においてはいつの間にか進行していた街並みの変化についても、ちゃんと分かりやすい説明が行われている。つまり、原作では描かれなかった古い街並みの取り壊しや「子供の城」の建築シーンがちゃんと挿入されるのだ。これによって観客は、街が変わっていってしまうことの具体的な理由を知ることができるし、さらにクロがネズミとビルの屋上で会話するシーンやイタチと対峙するシーンではアジアっぽい宝町ではなく意図的に歪みのない近代的な建築物だけが背景に映されたりして、原作以上にお話としての分かりやすさが提供されている。

だがその代わりに、じっちゃの言う「お前はこの街そのものだよ、クロ」という言葉が、言葉の上でしか成り立たなくなったわけである。原作においてはクロと宝町の変化が連動していたのは明らかだが、映画においては街を変えていくのは紛れもなく蛇だし、クロが精神のバランスを損なったのはシロがいなくなったせいだけということになってしまうのである。いや、確かに実際にはそうなのだ。原作をつぶさに読んでしまうと、実はそれぞれの出来事は関連していないのである。よく見れば「いろいろ悪いことが重なってクロはあんなことになっちゃいましたね」みたいな物語であることは確かなのだ。しかし原作は合理的な説明をすべて投げ出してしまっているからこそ、各エピソードが大きな因果に絡め取られる一連の事件であるかのように読むことができるのだ。だが映画は「街」についての物語に現実的な説明を求めたために、それは「クロとシロ」の物語とリンクせず、二人の主人公についての話は半ば宙に浮いてしまったように見える。クロとシロの関係が曖昧にされた以上、原作で「クロに似てる」とされ、シロとの出会いを通して変化した沢田が、映画においては影が薄いのも当然なのである。

しかし重ねて言うが、これは間違いではない。映画はもともと原作に備わっていた曖昧さを解決してしまった結果、かえってその曖昧さがクローズアップされる結果になっただけなのだ。実際、原作においてもクロとシロの内面について決定的な表現はなされない。ただ街の変化とシンクロして良くないことが起こり、二人が不安定になっていくように見えるだけである。だから映画において街の変化と切り離されてしまうと、クロはともかくシロが不調になってしまう理由は曖昧になってしまう。また、二人の関係についても表裏一体で超能力的な結びつきがある、という説明くらいしか残らない。

これらは、原作はもちろんだが、映画における失敗では全くない。むしろ、映画は原作をきわめて忠実に再現しており、また原作が物語として曖昧でありながら、不思議と感動を喚起される仕組みになっていることに気づかせてくれるものとして面白く見ることができる。なにしろ映画は原作のメッセージすら、あけすけな形で分かりやすく表現してしまうのだ。つまり最終的に「シロ・クロ＝古い街」対「蛇＝都市開発」という分かりやすい図式に話をまとめ、その上で「都市開発は反対。古い街並みを壊しちゃダメだ。あと一見アタマの弱そうな子は心が清くて正義なんです。でも人間、バランスが肝心です」という明快な主張を伝えてくる。これらのメッセージは確かに『鉄コン』の根底にあり、これこそが『鉄コン』という物語にある寓意そのものだとも言える。だから、映画が作品を分かりやすく再構成した結果として、この寓意が顕在化してくるのは間違っていないし、むしろ映画スタッフが原作をよく読み込み、物語を正しく解釈しているからこそ導き出されるものだ。原作の一般読者にとって、この作品から受ける感動がそんな単純な寓意から来ていたと気づかされるのはショッキングなことかもしれない。しかし、この漫画の物語自体は紛れもなくそれであり、「都市開発」や「イタチ」が分かりやすい「悪」であるから、この作品はエンタテインメントとして面白いのである。

だからこそ、ラストシーンに登場する南国の海は「珊瑚礁と熱帯魚」で表現されるひどくステレオタイプなものなのである。映画では宝町をリアルに描くことに執心したのとは裏腹に、まるでラッセンの絵のような海底が描かれており、分かりやすい悪に対して置かれる平凡な楽園としては実に正しい。結局この物語は、都市生活に荒んだものを感じながら漠然と到達不可能な楽園を夢想するための寓話なのだから、それでいいのである。つまり宝町というもの自体が、都市から社会的規範が失われていると感じるための比喩に過ぎない。原作ではあまりに直截的すぎて気づきにくいが、宝町とは、ステレオタイプな「都市」そのものを漫画的に表現する記号的な装置なのだから。それは都市について「暴力的で、猥雑で、現代人はここから逃れたがっているものだよね」とする、この作品で最初から提供されている「分かりやすさ」の一つなのである。

「かわいい世界」は可能なのか

『コミックバーズ』（幻冬舎）誌上で『Marie の奏でる音楽』を描いていた二〇〇〇年当時、古屋兎丸はウェブサイト「TINAMIX」で漫画家の砂と対談している。この対話の中で、彼は同作の意図を詳細に語っている。

――現在連載中の『Marie の奏でる音楽』について伺いたいのですが、モチーフはどういったものだったのでしょうか。

古屋　まずやさしいお話を描きたい、聖なるものを聖なるものとして崇めるお話を描きたいというのがあって。いま進んでいるところまでで話せるとしたら、マリィという巨大な女神像が周回軌道上をグルーッとゆっくりまわっているような世界のお話なんですけれど。機械仕掛けの女神で。その女神が主人公だけに聞こえる微細な音で、音楽を奏でている。その音楽によって世界の人々はやさしくいられる。でもマリィができる以前は、人々は戦争をしていたし、兵器をつくっていた。いわばマリィがいることによって、世界がひとつの宗教なんですね。でもそれぞれのやり方で拝み、それぞれまったく違う教典を持ち。だから、ありえない話ではあるじゃないですか。イスラム教徒、キリスト教徒、仏教徒がみんな同じところに集まって、別々の祈り方で祈っているようなものですから。

物語の中では、現実の現代文明とおぼしきものが「神によって沈められた古代の文明」として語られるシーンもある。つまりこの作品は、我々の文明が滅んだ後、神によって進歩を停滞させられた人類の住む世界を描いているということになる。人々はこの緩やかな支配について無自覚で、争うことなく生活している。

ただ、そういった設定の作品は珍しくない。古屋兎丸ならではの独創があるとも言いがたいが、それを目指したようにも思えない。最終的に物語の焦点は、この平和だが自立を禁じられた世界を打破するのか、それともそこに留まるのかという問いに向かっていくが、それもまたありふれていると言うことはできるだろう。ともかく、機械が重要な題材となっているせいもあるのか、主人公の少年カイに突き付けられるこの問いは近代的なものである。つまり機械文明によって人の可能性を拡張し、人間中心的に世界を捉えていくのか否か、ということになる。安寧の世界にあって、カイだけが女神マリィの姿を目視することができ、またその奏でる音楽を聴くことができるというのは、彼が中世以前のシャーマンのような存在なのだと考えれば説明が付くだろう。カイは神と交信し、人類を近代へ向かわせるか否かの選択を迫られる。機械仕掛けの女神を動かし続けるためのゼンマイを巻けば、世界はこれまで通りに運営される。しかしゼンマイを巻かなければ、音楽による抑制がなくなって、人々は争いを始めるだろう。

　ところで右に引用した古屋の言葉で奇妙なのは、その冒頭部分である。彼は「やさしいお話を描きたい」と言い、それは「聖なるものを聖なるものとして崇めるお話」なのだと言っている。これはその引用部分の前段で、もともと古屋が作品の中に「可愛い要素」を入れようとしつつ、常にその裏側をも含めて描いてしまうという話につながっている。古屋は次のように言う。「可愛いけど、それだけじゃねえだろう、というのは常にあって。動物にしても可愛いけど、あいつら別に可愛いこと考えているわけじゃないし。餌ねえかな……交尾してえな……とか、常に動物的な欲望で動いているわけだし。人間にしてもそうだしね」

　ここで説明されているのは、つまりかわいらしさの裏側にある不気味さについてである。彼はそうして「聖なるもの、可愛いものの裏に何かがないとダメだ、というような考え方」に半ば抗って、かわいいものをかわいいものとして、また聖なるものを聖なるものとして描きたいと言うのだ。

　しかしこの言いざまは少々混乱していると言わざるを得ない。なぜなら古屋は右のような主張と全く同時に、「聖なるものと、可愛いものと、不気味なものはひとつなんです」とも言っているのである。四方田犬彦が『「かわいい」論』（ちくま新書、二〇〇六）の中でフロイトの論文「不気味なもの」（一九一九）を参照しつつ、「すなわちグロテスクであること、畸形であることこそが「かわいい」の隣人なのだ。両者を隔てているものは実に薄い一枚の膜でしかない」としているように、「かわいい」と「不気味」が同根であるとは比較的よく指摘されるところではある。しかし、ならば古屋が「聖なるものを聖なるものとして」描こうとすれば、彼は常に不気味なものも引き連れてきてしまう。

より正確に言えば、聖なるものを描いたとしても、それは見方を変えれば不気味なものである。だから彼は背後にある不気味なものと分離して聖なるものを描くことなどできないということに気付いているはずだ。

『Marie の奏でる音楽』も聖なるものについて描きながら、同時にそれは禍々しい物語としても成り立ってしまう。その両義性を象徴するのが、カイに突き付けられた、安寧と支配が表裏一体となった、世界の二者択一であるのは言うまでもない。ここにあるのは、ほとんど漫画作品に、あるいはその中で描かれるキャラクターに何を望むかという、古屋から読者への、あるいは古屋自身に対する問いかけである。すなわち古屋は漫画の中に「可愛い要素」を盛り込むことを望んでいる。彼は年頃の少女を蠱惑的に描くし、ぬいぐるみのような動物たちを描くし、過去の漫画やアニメのパロディを描く。それらはたしかに「かわいい」意匠に彩られた者たちで、読者はそれらに浸ることができる。実際、古屋兎丸の描く女子高生は全く扇情的でかわいいのだ。しかし我々はただそれだけを享受できるのか。そのかわいさと一体になっている不気味さを排除していいのだろうか。あるいは、その排除は可能なのか。そのことは、当代のアニメ風の絵柄を描かない古屋にとっては現実的な問題だったに違いない。

最終的にカイは「穏やかだけど進歩のない」これまで通りの世界を望むので、『Marie の奏でる音楽』の世界はかわいいだけの世界として閉じられることになる。したがって古屋自身も、この作品を「聖なるものを聖なるものとして崇める」「やさしいお話」として終えることができる。これは実に自己言及的な解決だと言っていいだろう。メタレベルが存在するからこそ、カイが最後の決断をする直前には、一般的な可能世界もののSFのようにして「ゼンマイを巻かなかった場合」の世界がフラッシュバックのように次々と見せられることになる。そこでは四肢を爆散させて死ぬカイや、彼が死んでもなお微笑んでいるヒロインのピピの姿までもが描かれることになる。

それは読者の見たいものではないかもしれない。しかし、そういうものを描くからこそ古屋兎丸の作品を好むという人もいるだろう。だからこれは、どちらが正しいということではないのだ。あるいはその両義性を突き付けるからこそ、彼の作品はその批評性とともに支持されているとも言える。

ともあれ絶対的な正しさがないからこそ、神は選択をカイに委ねた。だからカイの最後の選択、すなわち元の世界に戻ることは、僕たち読者には非難できないものになっている。そもそもこの世界では、人が神に対してどう振る舞うかは、常に彼ら自身に委ねられていると言ってもいいのだ。本稿の冒頭にあった引用を思い出そう。古屋は、マリィに対して、それぞれのやり方で拝み、それぞれまったく違う教典を持つことが可能なのだと言っていた。人類は進化において抑圧されているが、信仰においてはすべてを許されている。

物語の途中でカイはマリィに対して性的な欲望を抱き、彼女の姿を見て自慰にひたるシーンがある。それについてカイは深刻に悩むのだが、だが神官であるグウルの言葉によれば「信仰とは愛することです。愛し方は人それぞれ違うのですよ」ということになる。つまり、マリィに対してそうした欲望を抱くこともまた肯定されるというのである。だからこのエピソードはピピにとって、また読者にとってもいささかショッキングなものだが、物語の趨勢を決定的に変えることはない。ここで示されるのは、カイが神に魅入られていること、そしてまたこの世界の神に対してはあらゆる愛が可能であるということだけだ。場合によっては、我々はゼンマイを巻かなかった世界における、カイの死体に欲情することすら許されるだろう。ここに選択はあるが、その是非は存在しないのである。

だがこの作品が指摘するのは、ある対象に多様な解釈が可能であるということですらない。というのも、物語の最後でカイはピピと別れた後、たったひとり砂のようにボロボロと崩れ落ちて消えてしまう。ならば彼はたくさんの不思議な能力を持っていただけあって、人間ではなかったということなのかと言えば、その予想もまた裏切られていく。エピローグで語られるのは、カイとはピピにしか見えていない存在であったということなのだ。カイは幼い頃に溺れ死んだのだが、ピピとグウルだけが彼が生還したと言い続けており、実際に彼の姿を見ることができたというのである。だからカイがピピ以外の人物と会話するシーンは、実は作中では全く描かれていなかったし、よく見ると彼の姿は写真にも写っていない。その事実は、この物語の最大のどんでん返しとして用意されている。

物語の終わりに、ピピはカイから届いた手紙を読んでいるが、そこにもやはり何も描かれていない。ではやはりカイはとっくに死んでおり、ピピは妄想を抱き続けていただけなのだろうか。だがそうだとすると、カイがゼンマイを巻いた事実や、ピピたちに見せた不思議な出来事もすべて幻だったということになってしまう。カイという人物は存在していないというトリックがあったのであれば、ピピと別れた後で彼が朽ち果てていく描写なども必要なかったはずなのだ。ここには不思議な矛盾がある。なぜ矛盾することが不思議なのか。この作品で、カイの姿がピピとグウル以外の者に見えていないというルールは、漫画の冒頭から周到に守られている。つまり古屋はこの作品を行き当たりばったりで描いたわけではなく、何をどのように描くかということは完全にコントロールされているのだ。そもそも本稿の冒頭に挙げた対談でも、上下巻五二〇ページから五三〇ページ程度のネームをすべて切ってから連載に臨んだということが語られている。にもかかわらず、カイが本当に存在したのか、またどのように存在したのかについては、どのようにも取れるような表現に留まっていて、最終的にその答えを出そうとしない。カイは存在したというのだろうか。あるいは幽霊のようなものとしてピピの側にいる者となっていたということなのだろうか。またはピピの妄想なのか。

　おそらく、そのどれでもない。カイが真に存在したかということについては、むしろ答えを出さないこと自体が、答えとしてあるのだ。なぜなら読者には、見えないはずのカイの姿が絶えず見えていたのだ。ならばピピが読んでいたカイからの手紙に何も書かれていなかったとして、それが真実の描写であるかどうかはもはやわからない。本当は手紙に書かれている文字が見えていないのかもしれない。こうして、カイについてのみならず、この漫画はすべての描写が真であるのかを曖昧にしてしまう。ただひとつ確かなこととしてあるのは、読者にはそのように見えるように描かれているということだけだ。

　ここには再び、この作品を通して、古屋の漫画に対する態度そのものが浮かび上がっていると考えるべきだろう。彼は「かわいい」と「不気味」が同根であることを理解している。しかしそれと同時に、彼はそれが「かわいい」なのか「不気味」なのかということは、作品の側からは決定不可能であるということまで指摘しているのだ。つまりこの作品が示すのは多義性や多様性であるというよりも、決定不可能性である。この作品の表現は「かわいい」も「不気味」も、「聖なるもの」も「邪悪なもの」も、すべて潜在的に抱えている。しかしそれは表現が曖昧だというわけではなく、むしろすべての価値が宙吊りのまま提示されるよう管理されているのだ。それを判断する最後の審級として、この物語の読者が存在する。

マリィは、繰り返すように、この世界の創造主だ。しかしその手腕は、カイがその本質に触れた際、「この世界は巨大な歯車がすべてうまく噛み合わさってできている、巨大で精密で単純なカラクリだったんだ……」とした言葉通りに、両義性が大胆な形で同居するものになっている。機械仕掛けの女神である彼女とは、もちろんデウス・エクス・マキナという言葉を導く、物語の設計者である。だがそれは決して行き当たりばったりな設計を意味するわけではなく、カイの言葉通りに単純だが精巧なものだ。つまりカイの評とは、古屋兎丸の物語作法そのものを、やはり自己言及的に示しているのである。

終わっている〝萌え〟の時代と、続く日常について

こうの史代は『平凡倶楽部』（平凡社、二〇一〇）の中に、わずか四ページではあるものの、タイトル部分で高らかに「萌え漫画」と惹句を付けた「聖さえずり学園！」を載せている。そこでは茶倉すずね、灰島ひより、緑川ましろという三人の「萌え」っぽい少女のキャラ設定が詳細に記されつつ、その学園生活が三本の四コマとして描かれている。もちろん絵柄も普段の彼女のものから「萌え」っぽいものに変えられている。

最後の四ページ目で、三人の少女が実はスズメ、ヒヨドリ、メジロという鳥をモデルにして描いてみたものだったというオチが付いている。それらの鳥が自宅の軒先に訪れたことから想像を膨らませたようだ。しかし同時に、ここでは「萌え」に対するこうの自身の見解が綴られている。

「萌え漫画」というものは登場人物を「わたしの友達」「おれの嫁候補」として楽しむものなのだろう

突飛な展開や過激なオチはやっぱり控えた方がいいな

騒々しくてあわただしくて

でもいつか必ず旅立ってゆく日々
そんなものをおもてを見ては思ったりして
なんかむしょうに描いてみたくなったのでした

こうのは「おもてを見て」つまり窓外の鳥たちを見た結果、「突飛な展開や過激なオチはやっぱり控えた」「騒々しくてあわただしくて」「でもいつか必ず旅立ってゆく日々」のことを思った。「萌え漫画」とはそういうものだと考えた。

しかし『平凡倶楽部』からさらに年月が経過した今や、「萌え」という言葉も古びてきたように思う。もしくは意味が変質してしまった。ウェブサイト「通信用語の基礎知識」によると、「萌え」の解説ページ第一行目には次のように書かれている。

非常に熱狂的になれる対象や仕草などを見たときに湧き上がる感情のこと。

しかし以下、このシンプルな語義から派生して、非常に長い注釈が続くことになる。たとえば、読み進めた先にある「語源」というパラグラフにはこう書かれている。

「萌え」の語源は数説あるが、単にタイプミスしたという説の他、かつてなかよしで連載されていた、あゆみゆい著作「太陽にスマッシュ」の主人公、高津萌である説と、NHKの番組「天才テレビくん」内で放映されていた「恐竜惑星」のヒロイン、鷺沢萌である説が有力である。

一応訂正しておくと「恐竜惑星」のヒロインの名前については、作中では明言されないが少なくとも鷺沢萌ではなく、結城萌が正しいのではないかと言われている。だが、それをともかくとしても、これは言葉が使われ始めた端緒を示すものではあっても、正しくは語源と言えないはずだろう。たしかにこの言葉の起源は、ここで作品名が指示する九〇年代前半になるだろう。しかしなぜこの言葉が冒頭に掲げられたシンプルな語義のように使われるようになったのかは語られていないのである。

しかもこの言葉がいわゆる「オタク」文化という狭い領域を超えて、広くマスメディア等で語られるようになったのはそれからさらに後、九〇年代末から二〇〇〇年代前半にかけてである。人は、なぜこの頃にこの言葉を必要としたのか。

この解説ページをさらに読み進めると「定義」という項目があり、そこで書き手が言うには「しかし時代の変遷を経て、「萌え」という語も広く普及するにつれ、誤用なども含めて様々な意味で使われるようになったと考えられる。従って、現在に至っては、萌えという語自体に明確な定義を与えるのは困難である」とのことである。こちらとしては前述の一行目に書かれていたのが「定義」だと思えるし、また読み進めたページの半ばになってから「定義」が語られ始めるというのもよくわからない。だが、それもともかくとすれば、興味深いことに気付くことができる。ここで「萌え」という語をめぐって書かれていることには、発生した頃からこの言葉に含められていた、ある種のニュアンスが織り込まれているのだ。

それはつまり、ここに書かれている「可愛い女の子」というのが、明らかにアニメや漫画など、いわゆる「二次元」で表現されたものを示しているという意味である。言い換えれば、この「萌え」に対する解説は、その語がアニメや漫画のキャラクターを対象とする形で発生したことについては半ば当然のこととして扱い、説明する意志すら見せていないのだ。

重ねて言うが、これは興味深いことである。なぜなら、それまでにも、アニメや漫画を鑑賞するにあたって「非常に熱狂的になれる対象や仕草などを見たときに湧き上がる感情」をおぼえる者はいたに違いないからだ。しかしそれらは現実を写し取ったものとして現れた「可愛い女の子」への気持ちだったはずで、それは従来通りに好意と呼んでもいいものだった。少なくとも三次元への愛と二次元へのそれは混同されていた。しかし「萌え」のほうは、記号的に描かれたキャラクターが対になるべき現実を全く持っていないことが前提化されている。

要するに、この頃「萌え」という言葉は、人が単に「二次元」のキャラクターについて「非常に熱狂的になれる対象や仕草などを見たとき」に使われる言葉ではなかった。この時期に当たり前のこととして考えられるようになった、指し示すべき現実を持っていないキャラクターたちに対して使われる言葉であった。短く換言するとこういうことである。「萌え」という言葉は、漫画やアニメのキャラクターたちが参照すべき現実を失って描かれるのが当たり前になりはじめた頃に、従来のようなキャラクターたちに寄せられた「好意」と区別するために成立した。

なぜこの言葉はその成立から遅れて、九〇年代後半から二〇〇〇年代前半に積極的に使われたのか。それはこの時期にいわゆる「オタク」がブームになっていくことによって、現実に基づかないキャラクターに「好意」を持つ人々がいるということを説明する必要が大いに生じていたからである。したがってそれは人々が抱いた感情の区別であると同時に、新旧のキャラクターのあり方の区別でもあった。

しかし、冒頭で書いた通りにこの言葉は既に古びた。端的に言って、当の「オタク」界隈ではあまり使われなくなった。その代替語として二〇二一年現在、もっとも頻繁に使われているのは「推し」という言葉だろうが、それについてはここでは考えない。あるいは、「二次元」に限らず、どんな対象についても「萌え」と言う人もいる。何が起きたのかというと、単に言葉が飽きられたというわけではなく、この言葉が示していたようなキャラクターのあり方、すなわちキャラクターが指し示すべき現実を持っていないということが、多くの人にとって当たり前のことになったのだ。また実在の人物がキャラクターとして捉えられることすら普通になった。つまり、キャラクターに抱かれる好意を、過去と区別する目的で「萌え」と言う必要がなくなった。逆に言えば、この言葉をいまだにその意味で使う人がいるならば、その人は無意識に、参照すべき現実を持っているかどうかでキャラクターというもののあり方に切断が入れられると考えていることになる。

＊

こうの史代は一九九五年、デビュー作となった『街角花だより』を双葉社の『アクション増刊 クレヨンしんちゃん特集号』に連載した後、一九九七年から同社の『まんがタウン』にて『ぴっぴら帳』を七年にわたって長期連載した。これが彼女にとって重要な仕事となったのは疑う余地がない。その後に『まんがタウンオリジナル』という掲載誌を得た『街角花だより』がリブートする形で連載を行ったのも、また一九九九年からは芳文社の『まんがタイムジャンボ』で『こっこさん』を連載したのも、『ぴっぴら帳』の実績があったからこそだと思われる。

矢継ぎ早にいくつかの雑誌名を挙げたが、これらはみんな四コマを中心とした漫画が掲載されていたものである。『まんがタウンオリジナル』や『まんがタイムジャンボ』はなくなってしまったが、似たような誌名で、今でも四コマを中心に作品を載せる雑誌媒体は現存している。だが、表面上はずっと同じような形式で続けられているとしても、特にこの九〇年代後半には、これらの雑誌は変化を経験していた。それが一時期「萌え四コマ」と呼ばれたものの台頭である。

これらの雑誌に掲載されたわけではないが、『コミック電撃大王』(メディアワークス)にあずまきよひこが『あずまんが大王』を描いたのは一九九九年から二〇〇二年までの間だった。これは高校生の女の子たちが繰り広げる面白おかしい日常を描いた内容で一世を風靡し、「萌え四コマ」の成立を探ろうとすると必ず語られる作品になっている。ごく簡単に言えば「萌え四コマ」とは、同作のように、いかにも「オタク」的な美少女キャラクターを用いた四コマ連作漫画のことを指す。

『あずまんが大王』が開始したのは一九九九年の初頭だが、この年の後半には後藤羽矢子『どきどき姉弟ライフ』などが『まんがライフ』(竹書房)に登場して、「萌え四コマ」的な作風は四コマ誌界隈に広がっていく。『あずまんが大王』は二〇〇二年には連載終了するが、それはこのジャンルの終息を意味するのではない。同じ年にこの手の作品だけを中心に掲載する『まんがタイムきらら』（芳文社）が創刊されたように、「萌え四コマ」はすっかりジャンルとして根付いたのだ。加えて言うならこうした作品群はやがて、かきふらい『けいおん！』（二〇〇七）などがアニメ化され大きな話題になる頃には、「空気系」「日常系」などという言葉と共に、それが強いドラマ性を持っていないというふうに語られ、時には批判的に言及されるようにもなっていった。これについては本書でも、既に米澤穂信論の一部として述べたとおりである。

しかし一体なぜ、「萌え四コマ」は無内容だと思われるのか。奇妙に思われるのは、これらの作品は主にのんびりとした笑いを提供しつつも、しばしば切実さを描くからである。『あずまんが大王』の終盤、卒業にまつわるエピソードなどはこれまでのキャラクターたちの歩みを感じさせてじんとするものになっているし、また『どきどき姉弟ライフ』なども、母親の再婚によって義理の弟ができるというなかなかヘビーなエピソードから物語が始まる。四コマという形式自体はショートギャグでありながら、連作として作品全体を見ると大きな物語が描かれるという、いわゆるストーリー四コマという手法は八〇年代の後半には確立されており（たとえば相原コージ『コージ苑』）、こうした作品はそれを踏まえたものだと言うことができる。だから「萌え四コマ」に物語がないわけではない。無内容な作品を指すとだけ考える人は、ここに確固とした物語があることに驚くだろう。

要するに、「萌え四コマ」の批判者が見出しているのは、実は「物語／非物語」ではなく、「非日常／日常」という対立であった。「萌え四コマ」に数えられる作品は『あずまんが大王』をはじめ多くの作品がその形式的な特質を些細なエピソードの蓄積に見出す。たとえストーリー四コマであってもシークエンスは短くまとめられ続け、作品全体を束ねる大きなプロットの力は弱まる。作者たちはその構造を日常性の比喩として利用することになる。そしてたいがいは、作品の終盤でその蓄積は大きな意味を持たされ、総決算として読者に強く重い印象を与える。前述の『あずまんが大王』における卒業の例以外を挙げるとすれば、たとえばこうの史代『この世界の片隅に』(双葉社、二〇〇八-二〇〇九)の右手にまつわる回想などはそういう種類のものである。批判者たちが認めないのは、実は「萌え」云々ではなく、ドラマ性の有無でもなく、こうしたドラマの構造についてである。

あるいは「萌え四コマ」と呼ばれる作品群は、まずはキャラクターが愛されることを重視していて、その由でストーリーが軽視されていると考えられがちである。これらの作品はまさしく「非常に熱狂的になれる対象や仕草などを見たときに湧き上がる感情」のために作られているはずだ、というわけで批判にさらされうるのである。加えて、「萌え」というものが指し示すべき現実を持っていないということも、それを空虚で無内容なものだと感じさせるのに一役買うに違いない。

しかしそれを言うなら、そもそも四コマにおいて繰り返される日常の素描とは、読者を強くキャラクターに引きつけるものであるに違いない。新聞連載の四コマが人物名やその所属をタイトルとして求めることは注目に値する。しかも「萌え四コマ」の場合、そうした興味を最大限に高めようとした結果、虚構そのもののようなあるキャラクターの生活と特別でない時間を見せることで、そのキャラクターの実在可能性そのものへと迫っていくような作りになっていると言える。こうのが「萌え漫画」について、「登場人物を「わたしの友達」「おれの嫁候補」として楽しむもの」つまりその実在可能性が重視されるのだと考え、それならば「突飛な展開や過激なオチはやっぱり控えた方がいいな」と結論づけたのはそういう理由である。

しかしもちろん、ここまで記せば既に僕が何をいわんとしているかは伝わるはずだろう。こうのが「萌え漫画」について書いていることというのは間違っていない。しかしそれは本当は、彼女の作品そのものについて語っているのと変わらないのではないか。

『平凡倶楽部』の中の一篇「なぞなぞさん」は、『夕凪の街 桜の国』（双葉社、二〇〇四）を描いたことでステロタイプな「悲劇の戦争を描いた漫画家」として扱われ、また毎度同じような内容のインタビューを受けることへの困惑を描いた作品である。こうのの現実とフィクションに対する冷静な視点が垣間見えるものになっているが、ここでは「好きな言葉を教えてください」という質問に対してジッドの「私はいつも真の栄誉をかくし持つ人間を書きたいと思っている」という言葉が挙げられている。彼女はその理由として「目立つ者が偉いとは限りませんからね…。どんな学校を出るか、いくら稼ぐか、有名かどうか…、そんなものとは関係なく誰もが立派に生きようとしている。それはごく普通の事でありながらおもて立ってはなかなか見えなかったりする。だからそういう普通の世界を普通のことですよと示していければいいなー、と思うんです」と話すのだ。

これは『夕凪の街 桜の国』に関連したインタビューについてのエピソードだが、『この世界の片隅に』だってそのタイトルからして同じ思想を雄弁に語っていると言えるだろう。しかしだからといって我々は単純にこうの史代が「平凡な人たちの平凡な生活に光を当てたい」とのみ企図して創作しているというふうに読んではいけない。要するに、彼女が生活感に溢れるモチーフと些細なエピソードの積み重ねによって、平凡な非物語＝現実そのものを描き出そうとしていると考えるなら、それは間違いなのである。だから彼女は、自身の代表作と目されるようになった戦争を描いた作品に寄せられる賛辞の一部に戸惑うのだ。彼女は漫画が物語＝虚構であることまで否定はしない。漫画というのはそもそも虚構であり、現実そのものと置き換えることはできない。彼女が抗ったのは、戦争などの現実的な非日常によって虚構的な日常が貶しめられることだったはずだ。実はこうの史代の登場人物は写実的ですらない。低い等身と大きな足、節ばって大きく広げられる手指は、彼女が影響されたであろう記号的な漫画表現の集合体になっている。しかしそうしたものを使いながら、こうのはキャラクターを存在したかもしれないものであるかのように、日常的なエピソードの蓄積によってあぶり出そうとしていくのである。虚構そのものであるにもかかわらず、そうしたものを生々しく感じてしまう、その「対象や仕草などを見たときに」「非常に熱狂的に」なれるほど「湧き上がる感情」。こうの史代が描こうとしているのはそういうものである。

おそらく、こうの史代を「萌え四コマ」の作家として読んだ人は当時も今もいないだろうし、彼女自身もそうしたものの台頭期にデビューしつつ、そうしたものを描くことがなかったというふうに自認しているであろう。前述の「聖さえずり学園！」のラストにも、「なんかむしょうに描いてみたくなったのでした」と書きつつ、横に「でも多分もうやらんよ！」と書き添えている。しかし、彼女が変化を迎えていた、あの時代の四コマ漫画雑誌からキャリアを始めたことには、その後の彼女自身の作風にとって意味があった。逆に言えば、「萌え四コマ」というジャンルについても、それがどのようなものとして成立したのか、その起源と定義を考える上で、そこにこうの史代がいたことを見逃しては、語り落とされるものが多すぎる。まして「もうやらん」と宣言したにせよ、彼女はそれを今なお描き続けているとすら言えるのだ。

「-ism」の変節と平成の断面について

昭和による平成

二〇一八年暮れの『NHK紅白歌合戦』については、毎年恒例のこの番組が平成最後の回を迎えたことがたびたび注意喚起された。放映前からメディアでは、司会者や出場歌手が決まるたびに「平成最後の」という枕詞を使ったし、放映後の記事でも盛んにそう書き立てた。番組自体もオープニングから同番組の三〇年分の映像を流し、時代の節目を強く意識させていた。

しかし番組最後の、いわゆる大トリの歌手はサザンオールスターズであった。ボーカルの桑田佳祐は熱っぽい歌唱のなかで松任谷由実の腰を抱き、そうされて松任谷は桑田の頬に口づけた。松任谷由実はこの日、「ひこうき雲」と「やさしさに包まれたなら」を歌った。それぞれ一九七三年と一九七四年の曲である。またサザンオールスターズが歌った「勝手にシンドバッド」は一九七八年、これも一九七〇年代のリリースだ。

つまりNHKが平成最後を意識させていたのは間違いないとしても、この終盤は「昭和」の香盤であった。サザンオールスターズが歌ったもう一曲「希望の轍」はかろうじて平成の曲だが、それでもまだ一九九〇年だ。にもかかわらず、メディアの報道のあり方などから察するに、人々はこの番組から「平成」を強く感じ取ったということになる。

あるいは、こういう話もある。同じく二〇一八年に漫画『ちびまる子ちゃん』の作者さくらももこが死去した際、評論家の中森明夫は『朝日新聞』(八月二八日刊)のインタビューで次のように語った。

昭和が高度経済成長の下、大きくなっていく時代だったのに対して、平成の初期はバブル崩壊や阪神大震災、オウム真理教事件と暗い話題が多く、「失われた何年」と言われた。でも、次第に人々は身の回りの楽しみ、小さな喜びを見つけていったのではないか。「ちびまる子ちゃん」はその象徴的な番組だった。アニメを見て育った人はたくさんいるが、昭和のように上昇しなくても、これもまんざらでもないよね、悪くないよね、と思えたのではないか。

『ちびまる子ちゃん』が連載開始したのは一九八六年のことだ。そして作中で描かれているのは一九七〇年代半ばである。インタビュー内の別の箇所で中森も指摘しているが、この時期はオイルショックやオカルトブームがあり、社会が停滞を感じた頃だった。中森が同作を「小さな喜び」のロールモデルと見做すのは、こうした世相がどこか平成年間と重なるためだろう。

つまり、そもそもテレビアニメが放映開始した一九九〇年の時点で、我々はさらに一五年ほど前の「昭和」の姿を眺めながら自身の生活を振り返っていたのだ。しかもそれから三〇年近く経過した後で、中森の説によれば、我々はそこに「平成」の姿を見ているという。どこか奇妙に、時間の流れが入り組んでしまったようにも感じられる。すなわち、人が平成を思い描くとき、その実態は昭和の消費文化の中で生まれた作品への参照によって行われるようになっている。

右記のふたつは、そういう事例である。

吉本ばななへの屈折した賞賛

吉本ばななが登場した時、彼女は先行する文学とは断絶された、つまり新しい世代による、新しい文学だと目された。その評価のあり方には屈折したものがある。そもそも彼女が山本周五郎賞の受賞という形で文壇に認められた『TUGUMI』(中央公論社、一九八九)ですら、審査委員たちは必ずしも絶賛していない。既にベストセラーになっていた同作に対し、野坂昭如は「これが今の読者に合うんだったら、僕が選考委員として、いいの悪いの、論う筋のことではないと思う」と投げ出している。この「読者が支持しているから、受賞で構わない」という消極的な態度は、野坂に限って見られたものではなかった。

ただ僕が主張したいのは、彼女の作品をはじめから高度なものとして扱うべきだったということではない。むろん、逆に唾棄すべきものだったということでもない。しかし論者たちがそうしているように、吉本ばななにそのような形で「新しさ」があると語るべきだったろうか、ということだ。

山本周五郎賞の選評で、井上ひさしは「少女漫画風とかいろいろ難点はあります」と述べている。吉本ばななの作品は、デビュー当時から少女漫画との類似性がよく語られていた。高橋源一郎のように、文体が少女漫画的だと語る者もいたし、大島弓子作品とプロットや設定が類似することから、剽窃ではないかと批判した向きすらある。

だがそうした指摘は議論の余地をいくつか残したものだったと言わざるを得ない。第一に、他ならぬ吉本自身が初期から大島弓子や岩館真理子の影響を語ってもいるが、それによって吉本は「少女漫画」というジャンルそのものに影響されているのだと言うべきだったのか。第二に、井上の選評にあるがごとく吉本の作品が「少女漫画風」だったとして、それはなぜ単に「難点」であると結論づけられたのか。

そして第三に、そもそも「少女漫画風」であることは、吉本ばななががセンセーショナルに登場した際、とりたてて「論う」べきことだったのか。

「キッチン」(一九八七)との類似が指摘された大島弓子の「七月七日に」(一九七六)や「バナナブレッドのプディング」(一九七七－一九七八)は、どちらも吉本のデビューより一〇年以上前の作品だ。単行本『TUGUMI』『キッチン』(福武書店、一九八八)が年間ベストセラーの一、二位となったのは一九八九年で、この時、吉本ばななは間違いなく時代の寵児だった。

作家は常に、優れた先達に影響されて作品を作る。また、そもそも言語は常に過去の表現の模倣で成り立つ。したがって平成のはじまりを象徴する作家の作品が、昭和の創造力を参照していることに何ら問題はない。しかし本稿の冒頭に記したように、平成最後の『NHK紅白歌合戦』もまた一九七〇年代の昭和を参照していたことを踏まえると、いささか興味深い。それは何を意味するのか。たとえば、平成とは昭和を参照し続けるだけの、いわば固有の内実を持たない時代だったということなのだろうか。

渡部直己と絓秀実の対談集『それでも作家になりたい人のためのブックガイド』(太田出版、一九九三)は、同書が出版された頃に新世代作家として人気を集めていた吉本ばななについて多数言及している。

同書には、基本的には、つとめて悪辣ぶって見せたような、揶揄的な調子の記述が目立っている。ただ、とくに吉本の文章について述べた内容では、ふたつの点について重点的に語られているのがわかる。ひとつは、小説冒頭がオーバーなことを断定的に書いているということ。たとえば渡部は「キッチン」について、次のように書く。

まず、「台所」へのその愛を、そこで死にたいとまで誇張することがミソである。「冷蔵庫」が「そびえ立」つも同様。一体に、小説のなかの言葉はインフレ状態におかれがちであり、たんに「とても好きだ」と書くだけでは、「嫌いではない」程度のインパクトしかもちえぬのが、小説の言葉というものなのだ。まして、そこがポイントである以上は、大胆に誇張しなければ、偏るものも十分には偏ってくれぬわけだが、このとき主人公がゴキブリではない点が、第二のミソとなる。すなわち、どうみてもフツーではない偏りをごくフツーの娘に生きさせること。このバランスがひいては、いかにも奇怪な〝疑似家族〟を描いて、ああ家族って本当によいものだったんだわ♡という濃密にも反動的な感動を惹起しつつ、厨房に入ることを禁じられた「君子」にはとうてい描けぬ「名作」の鍵となるのだった。

また対談で二人は、吉本ばななの文体が、読者に対して直接語りかけるものであることを指摘する。渡部は吉本が、あとがきで読者へのメッセージを書いていたり、また「血と水」（『とかげ』収録、新潮社、一九九三）に「一度持たせてあげたい、あなたにも」という文章があることに注目したうえで、次のように述べる。

だから、吉本ばななを「新言文一致」というのは間違いなんです。読者を意識しながらも、読者に面と向かってしゃべることを排除した上で、読者があたかも主人公であるような透明な錯覚——現前性というのはまさにそのことだけれど——を確保する虚構が言文一致ですね。それからすると吉本ばななは言文一致的じゃないんですよ。作家として読者であるあなたに話しかけていますよというコノテーションを産出している。

ここで二人は吉本ばななを、まず現前性を重んじる近代文学とは別のものだとする。そのうえで、作中人物以上に読者と密な関係を築いてしまう「語りかける」作者に新味があるとしている。これは結局、近代文学を正統と位置づけた上で、それとの断絶をもって価値を見出すということだ。結も「吉本ばなな新しさがあるとすれば」という枕詞と共に語っており、つまり逆説的に文学性の高さを認めているのである。その点で、彼らの評価は、実は山本周五郎賞の選評とさほど違わない。なお、渡部は話者が誰であるかという問題、すなわち人称に対する意識を同書の全般で抱き続けていて、たとえば昨今は三人称多元の小説が増えてきたなどという指摘も見られる。これらは、後に彼が『小説技術論』(河出書房新社、二〇一五)でまとめた「移人称小説論」などにまで繋がる論点であろう。

つまり、いずれにしてもここで渡部と絓は、吉本ばななを通して、明治以来の「描写」の衰退と反比例して氾濫していく「語り」に注目しつつあった。しかしこれはまさに小説に限った技術論であり、そうした表現の変遷が何に由来するかに重きを置いているとは言えない。というのも、吉本ばななが大島弓子を参照していることを考慮すれば、これは素朴に、大島弓子などの漫画を文字によって描写しているのだと言えたのだ。

言い換えれば、大島弓子の作品の中には、渡部らが吉本ばなな作品に見出した「新しさ」がそのまま描かれているのがわかる。そのわかりやすい例として、ここでは短篇「いたい棘いたくない棘」(一九七七)を挙げておこう。

この作品は「ぼくは こんど15歳だけど 心は もはや老人のよう(…)ぼくはプルーストのようにいまもって その時代を追いつづけてばかりいるんです」というモノローグから始まる。これに限らないが、大島弓子作品の冒頭は、ほとんど例外なく、主人公のモノローグになっているのだ。しかもそれは、いま挙げた例がそうであるように、しばしば渡部らが指摘したような「誇張」的な表現を伴っている。同様に、読者に対して「語りかける」ものであることも珍しくない。単行本の巻末に読者へのメッセージがあることも、少女漫画に限らず、漫画ではありふれたことだ。

少女漫画的である、とは何か

そもそも吉本ばななが現実世界を描いていないということは、自身が語ってもいる。初期の担当編集者でもあった安原顯の著書『カルチャー・スクラップ』(水声社、一九九二)に収録された「吉本ばななインタヴュー」で、はっきりと以下のように主張している。

――ばななさんの小説が、なぜこれほど若い読者の共感を呼んだんだと思いますか。それは「優しさの時代」と関係があるんでしょうか。

吉本　わたしの小説の内容は「優しさ」ではないので、それはたぶん関係ないと思いますが、読みやすいという点は大きいんじゃないでしょうか。いまの若者は目が肥えているので、技術の問題ではなく、一週間で書いたようなものは一週間で捨ててしまいますからね。そういう判断は鋭いですから、わたしの苦労が何となく伝わったんじゃないでしょうか。

――自分の小説は「優しさ」を書いていないとは、どういうことですか。

吉本　登場人物はみんな冷淡だし、人間というものを一つも描いていませんから。

「人間が描けていない」というのは、旧来から文壇における批判の紋切り型だが、吉本ばななは真っ向からそれに立ち向かうようなことを言っている。はじめから人間を描いていない、というのだ。「一つも」という語調に、頑なさすら感じさせる。しかしここまでの本稿の議論を踏まえれば、そのことは自明である。彼女は少女漫画を参照しているのだから、登場人物ではあるにせよ、たしかに人間など描いていない。

そしてさらに、「読みやすいという点は大きい」という言葉にも注目したい。これも実は、漫画と同様なのである。漫画は一般に、ページの右上から左下に向かって読み進めるのが普通だ。しかしコマ割や構図、フキダシなどが逆順に読ませるような配置を繰り返すと読者の目が泳ぎ、その漫画は「読みにくい複雑さ」を持った作品になってしまう。その場合、読者は途中で読むのをやめてしまうかもしれない。ゆえに、元来から商業性によって成り立つ漫画というジャンルでは、読者が画面上で視線を走らせるべきルートがぶれないよう、作家が慎重にコントロールして、流れるような視線誘導がなされる。ヒット作であるほど、その傾向は顕著だ。

これが絵画芸術と漫画の本質的な違いだ。絵画であれば、作家は絵の前で脚を留めてもらおうとするが、漫画の場合は全く逆である。だからこそ、読者は漫画をスピード感を持って、何冊も立て続けに読んだりすることができる。

吉本ばななが愛読したという大島弓子は、漫画全体からすると独特な文法によって、非常に細やかな人間心理を描く漫画家である。しかしそれでも、漫画ならではのリーダビリティーの高さは維持されている。吉本ばななの作品にある「読みやすさ」とは、これと同種のものだ。描写の無駄のなさ、簡潔さ、あるいは彼女自身が言うように「登場人物はみんな冷淡」というのも、いらぬ複雑さを慎重に廃しているが故のことだ。しかし決して、平板というわけではない。

こうした素っ気なさはしばしば文学の側では批判の対象にすらなる。だが吉本ばななが描いているのは、そもそも漫画、それも大島弓子などによく似たスタイルなのだ。もしくは吉本ばななは、小説家でありながらも大島弓子やその周辺作家に影響を受けた、下の世代の漫画家たちと同系にあると言ってもいい。ほかにフェイバリットとして挙げていた岩館真理子もそうだが、雑誌で言えば小学館系の『プチフラワー』や『フラワーズ』、集英社系なら『ヤングユー』『ぶ~け』『コーラス』など、そして平成元年に創刊された祥伝社の『FEEL YOUNG』など、女性向けの中でもひとつの潮流を成す少女漫画の系譜に、吉本ばななも存在するのである。

ただし、こうして大島弓子の系譜に連なると感じさせる表現があるからという理由で、つまり吉本ばななは少女漫画風であると言うことができるかどうかには、議論の余地がある。それは前述したように、大島弓子や周辺作家の作品が、漫画全体からして独特の個性を持つせいである。彼らは少女漫画を代表する作家であっても、少女漫画を象徴する作家であるとは、必ずしも言い切れないのだ。彼らに比べれば、たとえば水野英子のほうがずっと「少女漫画風」の作品を描いていると言える。

より詳細に言えば、大島弓子は少女漫画の中でも「二四年組」の代表格として語られることが多いが、では二四年組的なものを少女漫画の中心的な表現として扱いうるかというと、必ずしもそうではない、ということだ。そこに属するとされる作家たちは、しばしば彼らがデビューする前の少女漫画とは、大きく異なる作風を持っているとされる。たとえば大塚英志は平成元年に上梓された『少女民俗学』（光文社）の中で次のように述べる。「瞳の中には星があって、スタイル画のような少女の背景にはバラの花が舞っている、という古典的な少女まんがの手法は、彼女たちによって否定される」。そして二四年組はモノローグをはじめとしたフキダシ外の文字を多用して登場人物の心情を多層的かつ客体的に描き、後世に連なる少女漫画の革新を促したのだとされる。

しかし漫画研究者の宮本大人は、一九七〇年代後半以降の二四年組への関心の高まりについて「昭和50年代のマンガ批評、その仕事と場所」(『立命館言語文化研究』第一三巻第一号、二〇〇二)の中で、「すでに相当の厚みと幅を持っていた、少女マンガの中から、ある種の作家・作品群のみが、言わば、語るに足る・語るべき対象として、切り出され、マンガ批評の場に本格的に登場する。このことは、この時期のマンガ批評にとってのみならず、今日にいたるマンガ批評・研究史上、きわめて重要な出来事であった」のだとする。つまりこの時期、特定の傾向をもった少女漫画こそが語られるべきものとして「発見」されたのだ、というのが宮本の主張である。しかしこうした言説は強い力を持って、実際に二四年組的なものこそが少女漫画のスタンダードであるという理解をある程度浸透させた。ここには(多くは男性の)論者たちによる独善、暴力的な選別があったのだ。宮本は論文の中で次のように述べている。「「少女マンガを語ること」の始まりに刻み込まれたこの暴力は、ヤマダトモコの詳細な検証が現れるまでは、ほぼ完全に忘れ去られていた。もちろんこの暴力によって可能になったもの、見えてきたもののあることを踏まえた上で、なお、その起源における排除と選別を相対化する試みを、少女漫画を専門的に論ずる者たちが怠り続けていることは、批判されてしかるべきだ」。

したがって、ここで本稿の序盤で井上ひさしの選評に対して呈した疑問のひとつめに回答を示すことができる。吉本ばなながやっていることはまず「大島弓子風」であり、次に「二四年組風」であるかもしれないが、必ずしも「少女漫画風」だと言うことはできない、というのが厳密な捉え方なのだ。そして、にもかかわらず吉本ばななが「少女漫画風」とされ「新しさ」を認められていったことには、少女漫画全体の中から二四年組が「発見」されたのと同じ選別の構図、男性本位的な暴力の、文壇による反復が見て取れる。すなわち、少女漫画のような小説は他にも存在する、売れている小説も多数ある、しかしそのなかでも吉本ばななであれば自分たちにも理解できる、ゆえに評価する、という態度がここにはあるのだ。したがって吉本ばななに関しては、先に挙げた高橋のように「少女漫画風」である点を（「大島弓子風」ではなく）賞賛した場合でも、あるいは渡部や絓のように少女漫画や大島弓子の漫画との類似点を考慮せずに小説の技術の新しさを認めようとした場合でも、いずれにしても二四年組を讃えた論者たちと同じ轍を踏む格好になっていたと言っていい。

だが実は、右のような考え方じたいが、評価軸のありかを誤っていたのではないだろうか。吉本ばななが大島弓子などを参照した結果、センセーショナルな作品を書いたのは疑いないことだ。しかし重要なのは、参照先が少女漫画だとか、二四年組だとか、あるいは大島弓子だと言い当てることばかりでは、ないのではないか。またそれを度外視することでも、ないはずだ。

「-風」の時代を迎えて

大塚英志は『サブカルチャー文学論』（朝日新聞社、二〇〇四）の中で、吉本ばななと村上春樹を比較して論じている。彼は大江健三郎が一九九四年にノーベル文学賞の記念講演で行った発言を取り上げ、村上春樹と吉本ばななが「東京の消費文化の肥大と、世界的なサブカルチャーの反映としての小説」と見做され、戦後の日本文学史から排除されたのだと主張する。大江に限らず、村上春樹と吉本ばななをセットにして「サブカルチャー的な社会現象として見てしまう態度」は「決して珍しくない」と言う。

「サブカルチャーの反映としての小説」とは、単純には村上春樹の小説が主にアメリカ文学を参照して書かれているとか、あるいは吉本ばななが大島弓子を参照していることを指している。すなわち文学が越境的に映画、漫画、アニメなど他分野の作品スタイルを採り入れたり、またはクリエイターを往還させるような事態を意味する。

ただ、これは古くは村上龍の『限りなく透明に近いブルー』(講談社、一九七六)を江藤淳が批判した際の言葉に関連している。村上龍が映画的な視覚表現を意識した文体を駆使することはしばしば指摘されるし、この小説についていえば、音楽からドラッグまでたしかに一九七〇年代の若者文化の固有名詞が頻出する。しかし江藤の批判は、そうした表面的な部分に向けられたものではなかった。江藤の批判の論旨は、そのように戦後日本の消費文化に囲まれた現実をリアリズムをもって、すなわち冷めた批判精神を発揮して描写すべきなのが「文学」であるにもかかわらず、「サブカルチャー文学」は消費文化に耽溺し、単にその現実の反映として書かれ、結果的にそれ自体サブカルチャー化してしまうということであった。

ただ大塚も指摘しているように、そもそも近代日本文学においてサブカルチャーや風俗流行と無縁の「純粋な文学」があったことなどない。大塚によれば江藤淳ですらそれに気づいていた節があるという。だからこそ江藤は小説が描き得るのが仮構的／サブカルチャー的な現実に過ぎないことへの自覚という批評性を、なかば規範意識として、作家に求めたというわけだ。

しかし、それを踏まえると、江藤による村上龍への批判があった一九七六年からはじまり、村上春樹と吉本ばななががセット化され、大江健三郎がわざわざ江藤の言葉まで用いて「サブカルチャー文学」を「文学」と区別しようとした一九九四年までの加速度的な流れはより意味深い。ここには、佐竹秀雄がファッション誌を分析して名付けた「新・言文一致体」という言葉が文壇でも取り沙汰されるようになったり（一九八〇）、清水義範が『蕎麦ときしめん』（講談社、一九八六）でパスティーシュ作家として頭角を現していったことなども傍流として付け加えていいはずだ。つまり、これは江藤が考えるような批評性が減衰して歯止めがかからなくなり、規範意識として完全に機能しなくなっていく過程として見るべきものなのだ。

こう言い換えてもいい。近代文学が起源としてリアリズム（realism）を重んじていたとき、それは写実−主義であった。主義や主張であるからこそ、それは規範として機能した。しかし、やがて作家たちは現実に依拠することを重視しないようになり、その接尾辞、イズム（-ism）は、主義よりも様式や傾向、とどのつまり「−風」を意味するようになっていったのだ。日本文学が一九七六年以降、映画、アメリカ小説、そして少女漫画など様々な対象を描写するようになり、それらがセンセーションを巻き起こしていったという変化は、これから先、いやもしかしたら最初から、文学にとって重要なのは real のほうではなく、-ism のほうだったのだ、という事実が顕わになる意味があったのではないか。

以上のような理解によって、井上ひさしから吉本ばななへの選評へ本稿が寄せた疑問の、ふたつめと、そしてみっつめに、順に回答できる。井上の言葉は、少女漫画風とかいろいろ難点はあります、というものだった。そうではなくて、ここで我々がすべき反論は、「なぜ少女漫画ではいけないのか」というものではない。そうではなくて、「-風」であることをもって批判するには値しない、とすべきなのだ。そして他方、「-風」のほうが重要なのであれば、「少女漫画」であろうと「大島弓子」であろうと、参照先がそれであることだけでは、批判だけでなく特に賞賛にも値しない、ということでもある。

彼女の崇高な断面

こうして、ようやく平成年間は、吉本ばななに象徴されて始まったのだ、と言うことができる。この時代から作家たちは昭和に成立した価値を前提にして作品を書き、むしろそれを明確な参照先としたサブカルチャーであろうとして、読者たちもそれを了解して、特段に悪びれることはない。そういう時代が以後三〇年続いたのだということは、本稿の冒頭に挙げた『NHK紅白歌合戦』や『ちびまる子ちゃん』の例に表れている。

ではしかし、平成年間の人々とは、単に過去を振り返りながら、サブカルチャー化した文化に溺れるような存在だったと言えるのだろうか。江藤淳が待望したような、現実を描き、そこに冷徹な批評性を傾ける作品や作家は、やはり失われてしまっただろうか。

そうではない。少なくとも吉本ばななの作品については否である。たしかに、吉本ばななが現実を描いていないのは間違いない。それは先のインタビューに挙げたように、自身が明確に否定している。しかし彼女が現実に対して批評性を発揮していなかったからといって、その批評眼そのものが失われるとは限らないのではないか。リアリズム文学が現実に対する批評を孕んでいたのであれば、他の「-風」文学も、参照先に対する批評眼を持ち合わせていないとは限らない。

『アムリタ』(福武書店、一九九四)の中で吉本ばななは、登場人物に純文学について会話させている。

「赤川次郎みたいな感じの？」

私は言った。弟がちょっと前一生懸命読んでいたのを知っていたのだ。「ううん、芥川みたいになるんだ。」

と彼は言い、目が真剣だった。何かに取りつかれてる、と私は思った。

(…)

「真由ちゃんの彼氏だった竜ちゃんみたいなのはだめなの？あれも純文学作家だよ。」

私は言った。死んだ妹が同棲していたカルト作家の竜一郎のことだった。知人で作家と言えば彼しかいなかった。

「うん、尊敬してるよ。あの人は本当に作家だなって思う。」

竜一郎。あの抽象的で難解な作品群をふと思いだし、

「あれ、読んで意味わかるの？」

と聞くと、

「よくわかんない。でも、じっと見てるといい感じがするんだ。本全体からしあわせな匂いがするっていうか。」

「ふうん。」

そんなふうに思ったことがなかった。何を求めているか分からないくらいに暗い文体だっていうのに。

「真由ちゃんの笑った顔みたいな。」

弟は言った。ああ、それならわかる。私はうなずいた。完璧に独立して、複雑な機能を持つ美しさ。何もかもを含み、微妙で、そこにひとりであるもの。だからとてつもなく悲しい。天然の、匂い立つような甘い水分を含んだあの、かけねのない何か。

真由ちゃんというのは、主人公の死んだ妹である。吉本ばななの作品には頻繁に死と関連する人間が現れるし、またここで描写されているような、異端でありながら純粋な美しさを持った人間、トリックスターや佯狂者そのもののような人物が、崇高な存在として繰り返し描かれる。

こうした純粋さをもった人間は二四年組の、とりわけ大島弓子の作品に登場する人物のようでもある。またこの作品にも描かれているが、渡部直己が揶揄的に指摘した疑似家族も、二四年組以降、女性漫画家たちが繰り返し描くようになった主題だ。吉本ばななは影響を受けたメディアの「-風」を漂わせることに尽力している。だが、『アムリタ』ではそれが弟の目指すべき純文学の比喩に使われていることに注目したい。つまり吉本ばななは、まず自らに影響を与えた作品群の美しさと純粋さに畏敬の念を抱きつつ、その象徴として作中に登場する人物こそが、同時に純文学を体現する者であるとしている。いわば二四年組的な表現の中に、彼女は純文学の新しい神を見るのだ。

しかもこのシーンについて言えば「匂い立つような甘い水分」とは甘露、つまりサンスクリット語で言うアムリタ、すなわちこの小説そのものを示唆している。吉本はここで、自分の作品をその崇高さに近づけたいと願っているのだ。この作品は、大塚曰く吉本ばなながが村上春樹とセットにされたうえで明確に文壇から排除されたという、一九九四年に出版されている。たしかに吉本ばななは現実そのものを描いているわけではないため、多くの評者が述べたように、そこにはリアリズムを求めた旧世代との分断がある。しかし、その断層がどのような断面を持っているのか確認し、新たな時代の立脚点を探ろうというのが、本稿の試みだった。結果、彼女はここから、現実に依らない、「-風」による、新しい文学を宣言していた。

それから二五年が過ぎ、平成は終わった。だが彼女の切り開いた新たな地層は、いまだ連続して、我々の時代の土台となっている。

III　接続／断絶　「物語」とコミュニケーション

対話の不成立、またはソニックブームが画面を越えること

画面の中で我々の指示に従っているのは誰なのか。僕たちはなぜか、そういう疑問を感じることが少ない。パッドやジョイスティックやマウスやボタンを操作した時に、画面内でそれに対応した動きが生じるだけで、僕たちはそこにあるのが「自分の動作」だと思い込んでしまう。思えばAボタンを押した時にマリオがジャンプすることには新鮮な驚きがある。なぜならAボタンを押す動作と画面内のマリオが跳ぶことには何の関連もないからである。僕たちはマリオではないのに、ボタンを押すとマリオはジャンプするのだ。押切蓮介の漫画『ピコピコ少年』(太田出版、二〇〇九)は、冒頭で、その驚きについてしっかりと触れている。

生まれて初めてやったゲームはゲームウォッチのドンキーコングだった
幼少時代、ボタンを押すと画面のキャラが動くことに感動を覚え
親に取り上げられ隠されるまでゲームをプレイし続けた

僕たちは自分の身体とは切り離されたもの、操作不能なものが操作できることに「感動を覚え」て

いたはずなのである。しかしバーチャルリアリティに接近しつつある近年のコンピュータゲームは、プレイヤーが自らの動作とゲーム内の動作を同一視する錯覚を強調しようとしている。あるいは『パズル&ドラゴンズ』でスマートフォン画面上のクリスタルをスワイプする時、我々が驚くのは画面に表示されているだけのものが自らの指の動作に従って動くからである。しかし指でなぞったものがその通りに動くのはむしろ、当たり前のことである。かように、今日みられるようになった直感的インターフェースはゲームのゲームらしさを隠蔽しようとしている。それは、実は「ボタンを押すと画面上のキャラが動く」ことの感動とは正反対の方向へ向かうもので、人々がゲームに抱く興味を移り変わらせるものだ。または、そうしたゲームは、ゲームの感動を持っていないと言っていい。

しかし、画面内の出来事をプレイヤー自身の体験だと誤認させるゲームは古くから存在してきた。単純な例をあげれば、FPSのような一人称視点のゲームがそうである。とりわけ欧米のゲームはバーチャルリアリティのような「体験型」のゲームに積極的であった。これに対しFPSのような一人称視点のゲームが長年にわたり根付かなかった日本では、画面内に操作キャラクターが表示される、言うなれば「代理型」のゲームが主流だったと言えるだろう。

ゲームの感動が『ピコピコ少年』冒頭で触れられているような「ボタンを押すと画面上のキャラが動くこと」への驚きに基づいているとしたら、本来それをよく感じさせるのはこの、代理型のゲームシステムのほうである。我々は画面内のものと自分が無関係であるにもかかわらず操作可能であるということで、はじめてインタラクションの快感を覚える。

押切蓮介はこれまで、たびたびゲームをテーマにした漫画を描いてきた。それらの作品内では、とりわけ対戦格闘ゲームが大きな存在感を占めている。対戦格闘ゲームは、代理型のゲームシステムを使って、プレイヤー同士がコミュニケーションするタイプのゲームだ。『ハイスコアガール』（スクウェア・エニックス、二〇一〇-二〇一八）のハルオは、大野と派手に殴り合ったりはしない。むしろ冒頭のギャグめいた数話で強調して描かれるように、二人は没交渉的である。そして大野が普段喋らない少女でありながら、自らの代理である画面内のキャラクターを通した時にきわめて雄弁であることが、このヒロインの魅力となっているし、またこの物語の核を成している。つまり、登場人物たちはゲームを通して自分たちの気持ちを伝え、作者もまた積極的に彼らの思いをゲームの比喩を通して描こうとする。しかし彼らが現実には感情を吐露しない（できない）せいで、なかなか思いを伝えることができずに、もどかしいラブコメらしさが成立している。一方で、ハルオへの恋心を早々と見せつける日高は、逆にゲームについてさほど知識を持っていないために、ハルオや大野とのコミュニケーションに必要な、ゲームの腕を磨かねばならなくなる。

日高は、影の薄い少女として登場する。彼女は「一人でいる方が好き」で「自分の殻に閉じこもって」いるような少女だった。このような性格に設定されたのは必然的なことだ。ゲームのキャラクターに代理させながらコミュニケーションを成立させることになっているこの物語において、ゲームを知らないことは、もはやあらゆる意味で他人とコミュニケーションできないことを意味するからである。もちろん彼女にも思考や感情があってそれは作中ではっきりと描かれるが、しかしハルオの場合もそうであるように、現実の感情は常に行き場を失った独りよがりなものとしてあって、彼女がハルオに想いを伝え、また大野にライバル宣言するには、少なくともこの物語の中ではゲームを覚えるしかない。そこが力のない者として想いをもてあます、日高というキャラクターへの愛おしさを生むことにつながっているのは言うまでもないだろう。

言い換えればこの物語の中で、日高はゲームをやることで次第に開放的な性格へと変貌していくわけではない。それは大野も同じである。彼女たちは変わっておらず、ただゲームを通じて対話するようになるだけなのだ。

ところで対戦格闘ゲームの中で行われるのは、当然ながら格闘による果たし合いである。これがもしゲームのジャンルが対戦格闘ではなくFPSだったら相手が死ぬまで銃で撃ち合わねばならなかっただろうし、今どき流行りのバトルロワイヤル形式のゲームなら、最後の一人になるまで他プレイヤーを撃ち尽くして生き延びなければならないところだった。いずれにせよそこにあるのは愛の語らいではない。

近年、右に挙げたようなFPSなどに代表されるオンラインゲームは、ゲーム内でチャットによるコミュニケーションを活発化させていて、プレイヤー同士がずいぶん意思疎通しやすくなった。だが押切蓮介が『ハイスコアガール』で描きたいのは、自分の思いが他者には伝わらないというすれ違いのラブコメであるから、このような現代的なオンラインゲームの出る幕はない。描かれるゲームはどれもプレイヤー同士がコミュニケーションを行うには不十分なものだし、そもそも右記したように、そこで繰り広げられる殺伐としたバトルは、ハルオや大野や日高が相手に伝えたいと思っている、日常的な感情に似つかわしくない。

伝えたい感情とは何だろうか。この物語が恋愛ものである以上、それはやはり相手が好きとか嫌いとか、恋愛に関することである。ところが彼らのコミュニケーションはいわばゲームを共通言語とすることで成り立っていて、その言語に恋愛についての語彙はないのだ。彼らの語彙とは、たとえば中学生になって大野とハルオが久しぶりに再会し、『ファイナルファイト』を二人でプレイした際に、ハルオのモノローグとして示されたようなもので、要するにあくまでもゲームプレイにまつわるものである。だが恋愛についての言葉を持たなくとも、彼らには言葉にならない感情があるから、このシーンのハルオのように、あくまでゲームについて脳内で考えているだけなのに、何だか泣けてきてしまったりする。彼らはゲーム中、そんな言葉にならない相手の意思を感じ取ることもあるが、受け取り方が間違っていたり、届かなかったりする。ゲームが相手を倒すことを目的にしているからこそ、その混乱は深くなる。ハルオこのシーンで「久しぶりのご挨拶は……レバーとボタンでだぜ」と内心思っているが、「ご挨拶」というコミュニケーションを「レバーとボタンで」行おうという考え方が、彼らの関係をこじらせていくのである。

　言い換えれば『ハイスコアガール』は、描かれているゲームについて知識がなくても読めてしまう。なぜならこれは、ハルオが考えていることが、ゲームを通した対話で表現されるがゆえに、なかなか相手に届かないという事態を楽しむ恋愛漫画だからである。これが、押切蓮介の主要なゲーム関連作である『ピコピコ少年』『ハイスコアガール』の相違である。『ピコピコ少年』はゲームを中心にした作者自身の回顧録の形を取っており、だからこそ、そこにはゲームと並行して描かれる、すれ違いながら続いていく人間関係のもつれはない。しかし『ハイスコアガール』はコミュニケーションの不成立こそが主題なのだ。

両作に共通して存在するのは、僕たち読者が、とりわけ年を重ねたオールドゲーマーが思い出すことのできるゲームの記憶である。その点においては、両作は同じものを扱っていると言える。しかし『ピコピコ少年』では、作者がPCエンジンGTを買ってしまったり、プレステではなくサターンを買ってしまったりすることの意味を、ゲーム好きの読者は文脈込みで理解して笑えるようになっていて、いわばそれが、作品とコミュニケーションするための共通言語になっている。これは本作に限らず、壮年層をターゲットとした回顧的な作品にはよくあるやり方だ。わかりやすい言い方をすれば『ピコピコ少年』は描かれている当時の「あるある」を読者に思い起こさせるところがあって、それを了解していればいるほど楽しんで読める作品になっている。

ところが『ハイスコアガール』が熱心に描くのは、実はそのゲーム知識が現実においては共通言語でも何でもないという事実である。ハルオが愚かしくも面白いのは、ヒロイン二人の気持ちを知らずその共通言語だけを信じて邁進するからだし、さらにヒロインたちとのゲーム対戦も彼らを親密にさせる言語としては不十分なものだ。彼らはその不器用さと不自由さを抱えながらも、心を通わせていくことになる。読者が、たとえゲームの知識を十分に持たずとも、彼らのドラマの行く末を追いたくなるのは、そのけなげさに心打たれるからなのだ。

ところがゲームのキャラクターは、冒頭で述べたようにプレイヤー自身ではない。不十分ながら、我々のコミュニケーションの代理役としてある。ここに、欧米的な一人称ではなく日本的な三人称のゲームが使われている意味がある。つまりハルオはガイルを操作するが、ガイルはハルオ自身ではないから、ハルオとガイルの間にもまたコミュニケーションが発生するのである。

『ハイスコアガール』第一巻のラストで大野が転校してしまうとき、ひねた心から見送りに行かなかったハルオは、しかしガイルからメッセージを受け取ったように感じる。

ハルオ…
ハルオ…!!
お前の気持ちはそれだけか⁉
己に正直になれハルオ
あの子との戦いはまだ終わっていない
お前の戦いが俺の新たなる力となるだろう

注目すべきなのは、ここでガイルがゲーム画面として映し出される絵から逸脱するわけでもなく、またフキダシを使って流暢に語り出すでもないことだ。つまりこのセリフはハルオが、ガイルがそう言っているように感じたということに過ぎない。だが確実に彼はガイルの気持ちを感じて、そして後頭部に必殺技ソニックブームを「バチィン」と叩き込まれて、大野のもとへ走り始める。すると、今までハルオがプレイしてきたゲームのキャラクターたちが、みんなハルオの背中を押すための言葉を発しているように思えてくる。

ゲームを通したものでなくとも、我々のコミュニケーションは、基本的に成立しないし、常に非対称的なものとしてしかあり得ない。共通言語はかりそめの合意に期待するだけのもので、「赤い」という言葉が他人と同じ赤さを意味しているかは、誰にもわからない。『ピコピコ少年』の中で「あるある」として描かれている過去もまた、実は個別に異なる各人のものであり、話し合うほど子細は一致しないはずだ。ましてや『ハイスコアガール』の彼らは、ゲームを介して対話しているのだから、ハルオも大野も日高も想いをなかなか正確に伝えられない。

しかし我々はそこにどんな意思があるかを誤解することができる。もちろんゲーム画面内のキャラクターが話しかけてくることはないが、そこにもコミュニケーションがあったと感じることができる。ゲームはボタンやレバーを操作することで、プレイヤーに新鮮な驚きを与える。その驚きとはたとえば、ゲームが話しかけてきたように感じることなのだ。画面の中のものでしかないのに、パッドのボタンを押しただけなのに、すべてプログラムされたものなのに、本当に意思を持って実在しているかのように、我々自身が思えてくること、それがゲームの面白さの本質なのである。

だから、逡巡するハルオの後頭部に、ガイルが画面を飛び越えてソニックブームを放つシーンで、読者はゲームで得られるインタラクションの最高の例を感じる。ここでハルオは、自分の感情をゲームから受け取るのだ。現実とゲームは融合し始める。大野に向かって猛然と走り始めたハルオの背後で、彼を後押ししたゲームキャラクターたちはピクセルを散らして塵になっていく。しかしそれはバーチャルリアリティのように、あるいはフォトリアルのように、現実感を増されたゲームのあり方ではない。あくまでも現実とは区別された、自在に操作しているつもりであるにもかかわらず自分自身ではないものたちが、現実のハルオを、本当は言葉もないままに動かし始める。

宇多田ヒカルのカップヌードル　世界に到達する言葉

1

大学で学んだときに、社会学の教授が「歌われている内容が現代社会を象徴している、などという語り口で特定の歌の歌詞に世相を代表させるようなやり方は必ずしも正しくない」とか何とか言っていた。なぜそうなのかを彼が言ったのか忘れてしまったし、ひょっとしたらその理由は言わなかったのかもしれないが、しかし何となく「そういうものなのか」と思った記憶だけはある。今になって考えてみると、彼が言いたかったのはおそらく、語りたい世相に合わせて、ほしいままに歌詞を持ち出し、いかにも本当らしくこれこれという社会意識が象徴されているのだなどと説明付けてみせるのはよくない、というような話だったのではないかと思う。そういう、今どきなら珍しくない、にわか社会学みたいな態度を彼は嫌ったのではないだろうか。当時の僕はそんな彼の真意に思いを巡らせるまでもなく、漠然と「そういうものなのか」と感じた。しかし、ではある歌を持ち出して、これは今日的であるということはいかにして可能なのだろうか？　という疑問はそれなりに残った。

歌詞が今日的であるということとは、何なのだろうか。とはいえ僕が今から書こうとしているのは、やっぱり、阿久悠が高度成長期の世相をよく反映させた歌詞を書いたから素晴らしいとか、山口百恵が菩薩であるとか、日本語ラップは詩として読めるとかそういうものじゃないし、またモーニング娘。が実はイイこと歌ってるんですよとか、そのほか何の某という人物が歌った曲が現代人の心情をよく表している、みたいな種類の話でもない。そうではなくて、今からするのは、宇多田ヒカルの歌詞が「詩として今日的だ」という話である。

じゃあ、詩として今日的であるということとは、何なのだろうか。

流行歌の歌詞が「文学的だ」とか「詩的である」みたいなことを言われるとき、そのパターンにはだいたい二種類ある。一つは社会をよく反映しているとする、まぁ前述の社会学みたいな場合だ。そしてもう一つはハイカルチャーに対して下層の、「民衆のものであるサブカルチャー」みたいなものをもっと高く評価すべきだみたいな、政治的な香りがするタイプ。そのどちらもずいぶん古くからある語り口だから今さら目新しいことはないし、またどちらも、本当に歌詞を詩として評価するということにはちょっとつながっていない。歌詞というのが詩的ですらなく、詩そのものなのであると言うなら、「詩としても読める」ではなく、最初から詩として読まれるべきだからである。だから、「歌詞が詩である」ということは最初から疑わないほうがよい。それでももし誰かがポピュラー音楽の歌詞を詩として読めないと言うのであれば、それは彼が「詩とは何か」という、今さら前時代的なテーマについて引き続き議論しようとしているに過ぎない。

この問いは今日において意味を持たない。なぜなら「詩とは何か」という問いは今では答えのない問いだからである。ついでに言えば、それでもなおこの問いが有効であるのもまた、答えがないからではある。例えばもしこれを形式についての問いであるとすれば、我々は詩の定義が書かれた辞書を作ろうとしているだけであるから一見すると議論は収斂しやすそうである。しかし今日では面倒なことに、あらゆる形式を離れているということの指摘をもって書かれたものを詩と呼ぼうとしたりするし、そうやって詩を書こうという詩人は当たり前のようにいる。詩壇はともかく一般社会としては数十年来、特定の形式へと回収できない何だかよく分からないものは取りあえず「現代詩」と呼んで「詩」の脇に並べておけばよかった。これは必ずしも詩だけに限ったことではないが、驚いたことに我々は結構長いことそういうことをやり続けてきたのである。しかしよく考えれば「特定の形式を備えたもの、およびそうでないもの」という定義は要するに何も定義していないのと同じであるから、そんなものはやがて廃れる。だから形式としての詩は今さらどこにも存在してはいない。個々の形式はあっても、詩全体を形式として特徴付けながら語ることはできないはずである。

また、同じく、現在において詩というものはその描く内容をもって定義されるのであるかと言えば、もちろんそうではない。「詩というものはこれこれこういう内容を持っている」などと言うことは、今ではやっぱりできない。形式においてと同様に、何を描いたかをもって詩であるとすることはない。例えば小説においては「人間が描けている／いない」などと言って、ある作品が文学であるか否かなどという議論がいまだになされたりするが、詩はそのような形式や内容を問う議論から離れようとして続いてきた。だから、内容を問うことはできないのである。

「詩とは何か」という問いが今や答えを持たないというのはそういうことである。詩が何であるかということは、詩を構成する要素について語ることではもはやない。では今さら詩が何であるかというと、もちろん後には言葉によって読者に影響を及ぼすという一点しか残されていない。読者に及ぼす影響とは何か。それはつまり詩を読むことによって生まれる感情の動きだ。機能として詩情としか言いようのないものを与えることができたときに、その文字の連なりは詩と呼ばれうる。

このトートロジーに見える定義について我々は例えば「詩情を与えるような言葉の並べ方をしたものが詩と呼ばれる」というように、形式として語ることはできない。あらゆる形式と内容を許すという前提を敷いた先において、なお我々が潜在的に従っている規則が内在していると考えるのは間違っている。ここでは形式や内容の如何ではなく、その機能の強度こそが問われていると考えるべきである。

先ほどポピュラー音楽の歌詞が詩そのものであると述べたことはここでも裏付けられる。我々が詩というものを形式や内容を措いて、読者への影響力によってこそ成り立つとしたときから、流行歌の歌詞は既に詩である。しかし、それは流行歌の歌詞だけに止まらない。詩が読者に与える影響だけによって定義づけられるのであれば、何を詩と見なすのか、詩の成立は読者に全面的に委ねられてしまうということである。読者は今、ある文字の連なりに対して自由に「これは詩である」と感じることが可能になっている。我々はインターネットの書き込みに詩情を感じることができるし、テレビのアナウンサーのコメントに詩を見いだしてもいい。しかし僕がトイレの落書きを美しいものだと感じるとき、他の人は道端で売られる毛筆で大書した人生訓やラーメン屋の壁に貼ってあるおかしな標語を詩として扱っているかもしれない。

それを咎めることはできない。我々が許した際限のない言葉の自由さとはそういうものである。

我々は実姉がノートに記したポエムと藤井貞和とを同一視することを認めようとしているのである。詩と呼ばれていた大文字の何かは既に存在しないし、本来存在しない。さらに言うまでもないが、この時代に万人に対して大きな影響力を与えられるという言葉の存在を我々は信じていない。憂うべき話ですらなく、社会は細分化され言葉は個々のコミュニティにおいてのみ流通する。あまねく世界に到達して機能する言葉はロマンティックな理由以外では信じられていない。だから今日、詩の実際は、詩人と詩を読む読者のためのものでしかない。ほかの誰かにとって価値ある詩ではない。世界に対する影響力。流通すること。形式と内容を度外視して詩が持つべきだったはずの機能は、有名無実なものにならざるを得ない。

詩として今日的であるということとは、一体何なのだろうか。答えるならばそれは、我々が今、そのような状況にいることを踏まえた言葉であるはずだ。

2

日本では一、二を争うほど売れている歌手である宇多田ヒカルは、詩人として今日考えるべきテーマを正しく扱っている。彼女の歌は日本で最も流通しているが、にもかかわらずその作品は大半が、自分の言葉が誰かに到達しないということについての歌である。

彼女が最初にそれを明確に表したのは五枚目のシングルである『Wait & See ～リスク～』においてだと言っていいだろう。二〇〇〇年四月に発売されたこのシングルには、それまでのシングル、並びに前年春にリリースされたファーストアルバムで顕著だったようなラブソングとしての分かりやすさはない。コミュニケーション不全を歌っているという点で他の多くのラブソングとの共通点は見られるが、この曲が主として描いているのは単なる恋愛についてとは違う内容である。

愛情
向かって左に欠乏
だから君が必要
冷たい態度で自分を
守ってるつもりなの？

押韻に拘った技巧的な歌詞であるせいでもあるが、この歌では右記のように抽象的なフレーズに依ったイメージが散発的に記され続ける。各フレーズには宇多田ヒカルが諸作で積極的に描く「君」と「僕」のストーリーが断片的に顔を見せるが、曲としてひとつなぎのストーリーラインがリスナーに与えられることはない。ここではある恋愛における歌い手の状況が記されているはずだが、物語として読むには極端に具体性を欠いている。しかしそれぞれのフレーズは愛情や孤独、痛さ、二人などというラブソングとしての骨格を揺らがせない言葉で形作られているから、リスナーはこれが愛を歌った歌であるとして積極的に消費することができた。つまりこの曲はミリオンセラーのヒット曲となった。

この曲をラブソングとして消費できるように設計したのはもちろん宇多田ヒカル自身である。しかしここで彼女は本来なら複雑な意図を読み取られるべき内容をただラブソングらしい言葉で彩ってみせたというわけではない。彼女がやったのはむしろ、読解のハードルを高めることによって歌詞が単一の意味として安易に流通するのを避けるということだった。すなわちこの抽象性は複雑な内容を伝えるためだけではなく、楽曲が普遍性を持ち得るために導入されたと考えられる。同じ曲の中で彼女はこう歌っているのだ。

キーが高すぎるなら下げてもいいよ
歌は変わらない強さ持ってる

伝播した先でどのように理解され、解釈され、変容され、受容されたとしても構わないと彼女は言うのである。例えば彼女は「向かって左に欠乏」という言葉の意味についてリスナーが必ずしも深く考えないことを理解し、それを諦め、だがそれでもこの曲にリスナーが例えば単に「素敵なラブソング」として価値を見いだすことを許すようにしてラブソングとしての体裁を整えている。

この曲をラブソングとして捉えれば、右のフレーズはカラオケで彼女の曲を歌うリスナーに宛てて不意に現れたメッセージのように見える。たしかに「君」や「僕」の関係性の世界とは一線を画した内容だが、そもそもこの曲自体がそのような閉ざされた関係を描くストーリーテリングに主眼を置いていないのである。彼女はここで、言葉が到達した場所で持つ力を信じて抽象性の高い歌詞を採用し、その伝播にすべてを託そうとしているのだ。人々に届けられた先で歌が持つ「強さ」とは何か？　それはもちろん歌が人に与える影響力、詩の機能そのものだ。修辞が洗練されているかどうかとか、主張がどうかということとは全く関係がなく、また作者がどのように意図したかということからも離れた詩の「強さ」なのである。この曲はこうも述べている。

どこか遠くへ
逃げたら楽になれるのかな
そんなわけ無いよね
どこにいたって私は私なんだから

このフレーズは恋愛や自己実現などヒットチャートにおいてポピュラーなモチーフによく従ったものでありながら、同時に流通する自作について宇多田ヒカル自身が言及した内容であるということに、リスナーは気付かなくていい。それがこの曲の持つ構造である。だから『Wait & See ～リスク～』は『DISTANCE』という象徴的なタイトルの付けられたセカンドアルバムにおいて一曲目に収録されたし、この曲の姿勢は以降の宇多田ヒカルにおいて基本的に受け継がれている。

僕はこのような宇多田ヒカルの姿勢には諦めと許しが窺えると今書いたが、しかしそれは彼女が言葉に悲観したがゆえのものではないと付け加えておくべきだろう。なぜなら彼女は、言葉が他人に理解される可能性について、疑念を差し挟むまでもなく始めから否定しているからだ。彼女の歌詞はあらかじめ相互理解の可能性を棄却していて、言葉は相手に届かないし、それは同時にリスナーの現実にも到達できないということを前提にした言葉しか出てこない。そこに悲観はない。それは静かな絶望である。例えばカップ麺のCMソングである『Kiss & Cry』（二〇〇七年）には次のように歌われている。

お父さんのリストラと
お兄ちゃんのインターネット
お母さんはダイエット
みんな夜空のパイロット
孤独を癒すムーンライト
今日は日清CUP NOODLE

この歌詞は単純に、不和すらない家族の離散状態を描いている。しかしそれだけでなく、宇多田ヒカルもまたこの曲を聴くリスナーの「お父さん」や「お兄ちゃん」「お母さん」などの現実に接することが永遠にないことも示唆されている。彼女は、単調な押韻によって、描写を失った「みんな」を示すことしかできない。「宇多田ヒカル」の作品は世に流布され、「どこにいたって私は私」でありながら、しかし届けられる言葉は、曖昧に、平板になっていき、届いたところでその言葉によって相手と分かり合えたという確信に達することは絶対にない。だからこそ「夜空のパイロット」や「孤独を癒すムーンライト」などの言葉は、一見美しいようでありながら「お父さんのリストラ」と同じくひどく具象的に、しかしリアリティを欠いたものとして登場する。しかしそれでも、彼女はそのポップな言葉が「日清CUP NOODLE」と同じく多くの人間の生活に浸透できるということに賭けている。どこにも到達しないことを前提に投げかけられた言葉が大量消費され、それでも世界に到達するという可能性を決して捨てない。だから宇多田ヒカルの歌は感動的なのだ。

この『Kiss & Cry』のフレーズは二〇〇五年に発表された『Keep Tryin'』で「お兄ちゃん、車掌さん、お嫁さん keep trying,trying」と歌ったもののバリエーションと考えていいだろう。宇多田ヒカルは近年、リスナーに対しますます過剰にこのような接近を試している。『Wait & See 〜リスク〜』で張り巡らされていた抽象性が意図していたものは、極端なポップさという形で具体性へと偽装されながら、しかしなお受け継がれている。そこにあるのは、個々に閉ざされた社会を超えて言葉を流通させ、詩を機能させようという意図である。宇多田ヒカルが歌っているからポップミュージックなのかもしれない。『現代詩手帖』に載っているから現代詩かもしれない。そのような読まれ方すら十分に理解した上で、なお宇多田ヒカルはそれぞれの世界を縦断して受け手の日常に滑り込もうとするのだ。それは『Heart Station』(二〇〇八)においても同じだ。『Wait & See 〜リスク〜』がそうであったように、この曲も宇多田ヒカルの楽曲それ自体についてのメタ的な言及をさりげなく試す。

肌寒い雨の日
ワケありげな二人

車の中はラジオが流れてた

ラジオから流れるのはもちろん「宇多田ヒカル」である。彼女は暗闇の中にいるたくさんの誰かの耳元で、絶望的な呼びかけを続ける。

私の声が聞こえてますか?
深夜一時のHeart Station
今もぼくらをつないでる
秘密のヘルツ

答えは人生を変えない

「夢見がちな女の子・桃園はなを主人公とする、原作・さやわか作画・ふみふみこの漫画は？」

右記は『クイズマジックアカデミー』（コナミ、二〇〇三―）に登場する問題だ。その答えはもちろん、僕が原作を担当した漫画『キューーティーミューーティー』である。

ところでこのクイズゲームは「アカデミー」の名の通り、ファンタジー世界にある教育機関がモチーフになっている。キャラクターたちがクイズに答えながら、優れた賢者を目指すというストーリーが一応用意されている。

しかし無論であるが、この世界の住人たちが『キューティーミューティー』を読んでいるわけがない。経験として読んでいないという意味ではなく、要するに、僕の著作は彼らの世界には存在しないということだ。というのはむろん、ゲーム内の分類で「異世界」というジャンルに属する問題という意味でもない。この問題に限らず、『クイズマジックアカデミー』の問題文で語られる内容は、このゲームの登場人物たちにとって基本的に無関係な、別の世界についてのものである。テレビ番組についてであっても、スポーツについてであっても、あるいは歴史についてであっても、登場人物たちからすればそれは、いわゆる知識ですらないはずだ。

それは当たり前のように思える。だがそもそも『クイズマジックアカデミー』に限らず、あるいはコンピュータゲームに限らず、クイズという遊びにおいて、問題文の内容は、常に、それに答える者が現在置かれている状況とは関係がない。たとえその時のシチュエーションを盛り込んだ問題であっても、回答を間違えれば殺されるとしても、それが遊びである限り、問題そのものは解答者の生活や人生とは無関係だと言える。ほとんど違う世界の出来事のように、別の文脈に属するものになっている。むしろ、そうでなければクイズは成立しない。

映画『スラムドッグ$ミリオネア』（二〇〇八）に出演した俳優イルファン・カーンが死んだときに、あの映画のことを思い出した。あの映画は、クイズによって現実に人生が変えられる話だった。出題された問題が、答えが、不思議と登場人物の人生に関係しているという物語だった。だがそれでもやはり、たとえクイズが人生を変えても、クイズの答えそのものが人生を変えているわけではない。『クイズタイムショック』（テレビ朝日）で有名な問題「いま何問目？」が機能するのは、解答者の状況に関係のある質問が行われるはずがないという、クイズの基本的な定型を逆手に取っているからだ。つまり急にそんな質問がされることを解答者が予期していないからこそ、あの問題は機能する。もしも解答者自身にとって卑近な事柄だけが訊かれるなら、それは問題でもなければクイズでもない。単なる質問になってしまう。

したがって『クイズマジックアカデミー』においても、登場人物が知るはずのない『キューティーミューティー』について出題されるのは奇妙なことではなく、むしろクイズとはそういうものである。

しかしコンピュータのクイズゲームについては、もう少し深く考えてもいいだろう。問題が登場人物の状況と関係ないとして、ではその問題は彼らの属する世界にとって何なのか？　あるいは、彼らの世界とは、現実にとって何なのだろうか。

＊

クイズが出題されるゲーム自体は、ビデオゲームの最初期から存在した。しかし『クイズマジックアカデミー』のように、クイズが出題される時空が我々の現実と異なる世界であるゲームが登場したのは、八〇年代末から九〇年代になってからだ。

クイズゲームに新潮流が生まれたのは、ゲームセンター用のゲーム（アーケードゲーム）においてである。八〇年代後半、ファミコンブームと改正風営法の施行によって、ゲームセンターは苦境を迎えていた。しかし一九八九年には大型筐体ゲームやプライズゲームなどを目玉に「アミューズメント施設」へイメージチェンジする戦略が軌道に乗り、『テトリス』（セガ、一九八八年）をはじめとするパズルゲームのように、ライトユーザー向けタイトルでのヒット作が生まれるようになる。

新機軸のクイズゲームは、こうしたゲームセンターの方針転換の中で、ライトユーザーでも手軽に遊べることを念頭に置いて生まれたジャンルだった。その嚆矢と言えるのは『アドベンチャークイズカプコンワールド』（カプコン、一九八九）で、これは双六形式になっており、止まったマス目に応じてクイズが出題されるのが斬新だった。

折しも八〇年代後半の日本では「モノポリー」の人気から双六式のボードゲームが人気となり、「人生ゲーム」も一九八九年からは改訂版が毎年作られるような状況になっていた。これを受けてコンピュータゲームの世界でも『桃太郎電鉄』（ハドソン、一九八八）など双六形式のヒット作が登場し、広いユーザー層の楽しめるゲームとして定着し始めていた。

一方、八〇年代末には競技クイズの界隈でも『史上最強のクイズ王決定戦』（TBS、一九八九―一九九五）が放映開始するなど、人気がピークアウトしつつあった『アメリカ横断ウルトラクイズ』（日本テレビ、一九七七―一九九八）に代わる、難易度の高い競技クイズ番組が注目されつつあった。『アドベンチャークイズ カプコンワールド』が双六とクイズを融合させた内容になっていたことは、こうしたトレンド感を的確に捉えたものとして見ることができるだろう。

＊

このようなクイズゲームの進化は、まずは『クイズ 宿題をわすれました！』（セガ、一九九一）のように、双六を人生として描きながら、プレイヤーの見知った過去の出来事を問題にしたゲームも生み出した。この時期、双六形式のゲームでは『爆笑!!人生劇場』（タイトー、一九八九）や『マイライフ マイラブ』（パンドラボックス、一九九二）『ちびまる子ちゃん「はりきり365日」の巻』（エポック社、一九九一）など、コマを進めることを日常生活の積み重ねとして描く作品が相次いで作られていたため、その路線に沿ったものだということができる。

ただ『アドベンチャークイズ カプコンワールド』の特徴は今ひとつあった。それは世界観が和製ハイファンタジーになっており、すべてのワールドをクリアして姫を助けるというストーリーが存在したことだ。また各ワールドの最終マスまで進むとカプコンのゲームに登場するキャラクターたちがボスとして登場し、クイズ対決を行うという趣向もあった。

双六のコマがボードの上で、単に現在地を示すために存在するのではなく、プレイヤーと無関係なコマ自身の意志と目的があって先に進もうとしている。これは要するに、コマがキャラクター化されている、ということだ。

実はこうした形式のゲームは双六ゲームとしても当時は珍しいものだった。たとえば前述の『桃太郎電鉄』にしても、ゲーム冒頭で名前の入力をされることからもわかるように、画面上のコマはプレイヤーの分身という趣が強かったのだ。ゆえに、そこで描かれる電鉄会社社長としての立身出世を目指すストーリーも、あくまでも現実の比喩として眺められることになる。

＊

しかし『アドベンチャークイズ カプコンワールド』のコマが独立したキャラクターとなり、プレイヤーの分身ではなくなった段階で、キャラクターは現実世界ではなく、フィクションの世界に属するものとなった。その世界は現実の比喩ではないし、キャラクターに感情移入することはあっても、彼らはプレイヤーとは別の人格なのである。

双六を人生として描き、あくまでもキャラクターがプレイヤーの分身であるようなゲームと違う、こうしたキャラクター物語指向は、『アドベンチャークイズ カプコンワールド』以後に残り続けた。しかし当初は、たとえばカーレースゲームである『チェイスH.Q.』（タイトー、一九八八）のキャラクターや設定を流用しただけの『クイズH.Q.』（タイトー、一九九〇）のように、キャラクターや物語性を付加することにそこまで強い理由を持たせた作品は少ない。次の大きな転換点となるのは九〇年代も半ばに入って『子育てクイズ マイエンジェル』（ナムコ、一九九六）が登場したことだ。

『子育てクイズ マイエンジェル』の最大の特徴は、そのタイトル通りに、プレイヤーが親となって女児を育てる、すなわち育成ゲームになっていることだ。

前述したような双六を人生に見立てたゲームに近いようだが、プレイヤーが行うのはあくまでも子供の育成である。つまりコマは自分の分身などではなく、キャラクターとして対象化されている。どういうことだろうか。このゲームの育成がいかにして行われるかというと、まず親であるプレイヤーが正解したクイズのジャンルによって、娘の性格が変化するというものになっている。これは、九〇年代に入ってから育成シミュレーションというジャンルを確立した『プリンセスメーカー』（ガイナックス、一九九一）の流れを汲んだものだ。同作の大ヒットによって九〇年代には育成シミュレーションが人気ジャンルとなり、『たまごっち』（バンダイ、一九九六―）や『ポケットモンスター』（ゲームフリーク、一九九六―）などの大ヒットシリーズなどにすら影響を波及させながら現代に至っている。『子育てクイズ マイエンジェル』もまた、『プリンセスメーカー』に始まる育成ゲームの人気を受けて作られたゲームだと言えるだろう。『プリンセスメーカー』では、プレイヤーが施した教育に応じて、娘の性格や将来的に就きうる職業が変化していく。前述のような『子育てクイズマイエンジェル』のシステムは、これを完全に踏襲したものになっているわけだ。こうした育成システムを採用したクイズゲームは非常に人気となり、以後、冒頭で挙げた『クイズマジックアカデミー』にまでその潮流は続くことになった。

＊

ただ『プリンセスメーカー』と、それを参照して作られたクイズゲームには、決定的な違いがある。『プリンセスメーカー』で娘のパラメータが変動するケースは、文武の稽古であれ、アイテムの使用であれ、いずれにしてもゲームの世界内で娘に働きかけた結果としてある。ところが『子育てクイズマイエンジェル』では、親であるプレイヤーがクイズに正解すればなぜ娘の性格が変わっていくのかはよくわからない。その仕組み自体にさしたる説得力があるとは言えない。まして、前述したように出題されるクイズ自体、ゲーム世界とは無関係なものなのだ。

現実世界でのプレイヤーの行動が、ゲーム内と無関係であるゲームは多い。むしろ、ほとんどのゲームがそうだと言っていいだろう。Aボタンを押すことと、マリオがジャンプすることには何の関係もない。またパチンコやパチスロ、あるいはスマホ用ゲームのガチャのことを考えてみてもいい。銀玉をどの穴に入れようが、絵柄をどのように揃えようが、どのようにボタンをタップしようが、液晶画面で展開される物語との明確な関連はない。

あるいは『特打』(ソースネクスト、一九九七)や『ザ・タイピング・オブ・ザ・デッド』(セガ、一九九九)のように、キーボードでタッチタイプをすることでゲーム内のキャラクターを行動させられるゲームもある。プレイヤーが入力を促されるのは、ストーリーとは無関係な単語や文章であることがほとんどであり、これらは『子育てクイズ マイエンジェル』や『クイズマジックアカデミー』に似ているようにも思える。

だが、やはり違う。なぜならクイズゲームで親であるプレイヤーが「スポーツ」分野の問題に正解することは、ゲーム世界のスポーツとは、いかなる関係もない。キャラクターを育成する働きかけにすらなっていない。プレイヤーにとっては、提示されたクイズに答えることでしかないのだ。しかし、なぜかそれがゲーム世界に作用して、キャラクターの人生を「スポーツ」に向けて前進させ、物語の続きを知ることにつながる。

ここにはAボタンとジャンプの無関係さとは異質な、不整合で微弱なつながりがある。それは、キャラクターとプレイヤーの関係を正しく物語っている。我々は双六のコマをキャラクター化することで、それを我々の人生とは切り離された、フィクションの世界へ置いた。すなわち僕たちとキャラクターの間には確固たる断絶がある。通常のゲームであればプレイヤーはそのキャラクターを自在に操作できることで、キャラクターと自分自身を同一視させ、物語世界に関与したという錯覚を与えるが、それはまさに錯覚である。

しかし『子育てクイズ マイエンジェル』に連なるクイズゲームは、プレイヤーに対して常に現実を示唆し続ける。僕たちが行っているのが常に現実世界にまつわるクイズへの解答であることで、僕たちが虚構へ働きかけているとはなかなか思わせてくれないのだ。

クイズは、僕たちの人生に関係するものではなかった。しかしそれは、キャラクターの人生にも関係しない。むろん僕たちの解答によって、画面に映し出された物語世界は変化していく。しかしそれは僕たちの行動、すなわち解答に対して、実は全く応答したものではない。『子育てクイズ マイエンジェル』のようなクイズゲームは、そのことをプレイヤーに見失わせないようにするものだ。この手のゲームは、虚構と現実を結びつけやすくする、ゲームの得意とする詐術を使わない。原理的に、つとめて倫理的に作られている。画面内と、自分の間には、繋がりがないのだと、断絶があるのだと思わせてくれる。だが本来ゲームはそのようなものである。だからこそ、我々はその内部に干渉できたかのように錯覚したとき、それを錯覚であると知りながら、新鮮な感動を覚えるのだ。ゲームが正しく倫理的であれば、我々は物語とは無関係にクイズに答える努力を経て、倫理的に感動できる。『スラムドッグ$ミリオネア』だって、本来なら無関係なはずの人生とクイズが関連しているかのように思わせる、その錯覚が感動を生む映画ではなかったか。

ボタンの原理とゲームの倫理

1

我々が現実の出来事について「ゲームのようだ」と言うことは、今や常套句のようになっている。そういう言い方が増えたのは一九九〇年代以降だ。たとえば湾岸戦争は「まるでコンピュータ・ゲームのような」[*1]ものだと形容されたし、その後もこの表現は現代の戦争を語る際によく用いられている。また一九九七年に起きた神戸連続児童殺傷事件では、当時一四歳の犯人が「さあゲームの始まりです」で始まる犯行声明文を書き、メディアも「ゲームのような猟奇殺人事件」[*2]だと論じた。近年であれば、デイトレードや仕手戦じみた仮想通貨の取引なども、ゲーム感覚で金銭をやり取りしていると指摘されることがある。

これらの例で「ゲーム」という比喩は、殺人や多額の金銭授受のように重大な出来事を易々と行ってしまえるという意味で使われている。人をそうした行為に走らせるのは、ゲームが「虚構と現実の区別をつかなくさせる」からだなどとした批判もよく見かけるものだ。

神戸の事件が起きた翌年、評論家の大塚英志は『中央公論』一二月号で、そうした批判が現れた端緒は一九八八年に東京・目黒で中学二年生の少年が両親と祖母を殺害した事件だったと回想している。当時、事件について写真家の藤原新也が『朝日新聞』へコメントを寄せ、この年に発売されて社会現象化していた『ドラゴンクエストⅢ』（エニックス）の名を出しながら次のように語ったのだ。

> であるにもかかわらず、犯罪に何の経験も持たない中学二年生の少年が、あたかも戦い慣れたコマンドのごとく、複数の凶器を用意した。私はその少年の奇妙な行為にドラゴンクエストの一場面を重ね合わせていたのであった。というのはこの遊戯の中で主人公ヒーローである「私」は目的地に向けての長い旅の出立のとき、百種類もの武器の中から任意にコンボウ、クサリガマ、銅のツルギ、など数種類の武器を選んで身につけることになっている。
>
> 　ひょっとしたら少年は凶器調達の発想をあの虚構遊戯の中に得たのではないか。（……）
>
> 　そして少年はその殺害プランを遂行するために三人の友人に声をかけて誘っている。
>
> 　私は奇妙なる符合に気味の悪い感情をつのらせた。ドラゴンクエストⅢでは主人公の「私」は三人の友人を戦闘の旅の道連れにするのだ。
>
> 　ひょっとすると少年はこのテレビゲームシステムとまったく同じスタイルで現実を捕捉（ほそく）しようとしたのではないか。[*3]

　この藤原のコメントは好意的な反響を呼び、以後「ゲームは現実と虚構の区別を失わせる」という批判が紋切り型になったわけだ。

大塚は、藤原の説に何の根拠もないことは、そもそも犯人の少年が所有するゲームソフトに『ドラゴンクエストⅢ』がなかったという事実を指摘するだけで事足りるとしている。さらに、大塚は続けて次のように指弾する。虚構と現実の区別がつかなくなっているのは、ゲームの設定をもとに現実の事件を語ってしまう藤原と、そうした説明に当意即妙と頷いてしまう読者のほうだ、と。

大塚が言うのは、現実を、ゲームに限らず物語の枠組みで語ってしまうことの危うさである。彼は当時話題となっていた「新しい歴史教科書をつくる会」[*4]を類例として挙げ、日本を貶める「自虐史観」を覆すために彼らが求めているのが、現実を再構築するためのフレームとしての「物語」だとして問題視する。「だからこそ今、最も重要なのはフィクションは『物語』の枠組みで構成された『現実』から『物語』を奪回し、その上で『現実』をいかに『物語』るかというフィクションの側の覚悟ではないか」と大塚は結論づける。[*5]

この議論は、二〇年経った現在もなお有効だ。前述のように現実が「ゲームのようだ」と語られることは相変わらずだし、ネット右翼やドナルド・トランプの例を出すまでもなく、物語の枠組みで政治が語られ、ポピュリズム的に軋轢が煽られることは全世界で進行している。ただ情報技術は二〇年前より我々の生活に浸透し、またゲームの表現もより高度になった。つまり現実は真の意味でますますゲームのようになり、その一方でゲームは現実のようになり始めている。

日本ではまだ、3D空間を自由に歩き回れるFPSのようなゲームへの関心が海外ほど高くない。海外と同じく、九〇年代以降に一人称視点の3Dゲームが発展し人気ジャンルとなっていたとしたら、二〇一六年に海外発で起きたバーチャルリアリティ（VR）のブームも、その流れでプレイステーションVRが発売されたことも、より自然に受け止めることができたはずだ。

ただリアリスティックに空間を描くゲームは日本でも増えていくに違いないし、プレイヤーの関心も確実に高まるだろう。その将来を見据えて筆者が考えるのは、そうした「現実のような」ゲームが増えた時に、我々は何に「ゲームらしさ」を感じるのか、ということだ。大塚の結論は、「物語」と「現実」を分かつべきだということだった。だが現実のゲーム化と、ゲームの現実化が、まさに現実として同時進行するならば、両者は何によって区別できるのか。そして区別できないとしたら、我々はゲームに、あるいは現実に、何を期待すべきか。

2

筆者は二〇一二年九月に『僕たちのゲーム史』（星海社新書）を上梓した。書名通り、コンピュータゲームの歴史についての本だ。出版後、読者からは直接間接に感想が寄せられた。意外に多いのは「あのゲームのことが書かれていない」という不満の声である。

しかし実はこの本は、初稿では登場するゲーム名はもっと少なく、二〇本もなかった。各章に二、三タイトル程度、たったそれだけの作品数でゲーム全体を語れる理論が作れたら面白いと筆者は思ったのだ。校了の数日前、自分が知っているゲーム名が多く載っていたほうが読者はうれしいはずだと編集者が意見したことで、派生的な議論を大幅にカットして、その代わり例示的にゲームのタイトルを盛り込んでいくことになった。だから最初の原稿のまま刊行されていたら、読者からのお叱りはもっと多かったに違いない。

ただどれだけ掲載するゲーム名を増やしたとしても、当然ながらこの本には二〇一二年までのゲームタイトルしか掲載されていない。たとえばこの本には、上述したプレイステーションVRは登場しないし、また国内でスマートフォン用ゲームが躍進するきっかけを作ったヒット作『パズル&ドラゴンズ』（ガンホー）も登場しない。ゆえに読者から、本の出版後に登場した作品をどう考えているか、と問われることも頻繁にある。

『パズドラ』がiOS用アプリとしてリリースされたのは二〇一二年二月で、Android版は同年九月。ちょうど『僕たちのゲーム史』の執筆時期に重なる。その頃『パズドラ』はまだ二〇〇万ダウンロードに達しておらず、そこまで目立った存在ではなかった。しかし人気はうなぎ登りとなり、翌年三月に総ダウンロード数一〇〇〇万を達成した。

このビッグタイトルの登場で、スマートフォン用ゲームはゲーム産業全体の主戦場へと成長していく。もともと国内のコンソールゲーム機の市場は九〇年代後半から右肩下がりとなっていた。いったんはニンテンドーDSなど携帯型ハードウェアの躍進と、ライトユーザーの需要を取り込んだカジュアルゲームの盛況で復調したものの、二〇一二年にはソフトとハードを合計した国内市場規模が四八五七億円にまで縮小。[*6] これは最盛期である二〇〇七年の七一一四億円のみならず、低調とされていた復調前の規模をも下回る数字である。日本に比して堅調だった国外市場もゼロ年代後半から成長が頭打ちになり、二〇一〇年代初頭にはコンソール市場の世界的な衰退が深刻に語られていた。

ただし、右記の数字にはスマートフォンをはじめ携帯電話アプリ市場は合算されていない。つまりこの時期まで携帯電話アプリは従来のゲームと同等のものと見なされないか、無視できるほど小さな存在だったのだ。そもそもそれ以前から携帯電話用ゲームが利益を出すことはわかっていたが、ゲーム内容は粗悪なものだと思われていた。携帯電話用のゲームは、ゼロ年代半ばに登場したSNSと連動したカジュアルゲーム、いわゆるソーシャルゲームに類するものが多く、「ソシャゲ」の呼称のもと十把一絡げに質の悪いものだと考える向きが多かった。特にこの時期はコンプリートガチャ（コンプガチャ）と呼ばれる課金モデルの悪質さが社会問題化し、二〇一二年五月には消費者庁が注意喚起を促すなどしたため、「ソシャゲ」のイメージはさらに悪化していた。

これに対して『パズドラ』は、ゲームの一通りの内容が基本的には無料でプレイできる、いわゆるフリーミアムな収益モデルを立ち上げると共に、またソーシャルゲームという呼称を避けることで積極的に新世代感を出して、スマートフォン用ゲーム市場を牽引することになった。従来からの「ガチャ」と呼ばれるアイテムの抽選方式はゲームの中心的な要素として維持されたものの、『パズドラ』の登場以後は、なりふり構わず課金を行うゲームは批判の対象とされるようになっていく。カネを払うかどうかを、あくまでユーザーの意志に委ねるやり方が主流となったのだ。

また、『パズドラ』における、画面を指でなぞってブロックの入れ替えを行うパズルの出現は革新的なものとして注目された。似たようなゲームは古くから存在するが、スマートフォン用ゲームとして一般化したのは間違いなく『パズドラ』の直感的な操作性が支持されたからこそである。その後『モンスターストライク』（ミクシィ、二〇一三年）など、スマートフォンならではの操作性を盛り込むことでヒットを飛ばすタイトルが増えていったが、これも『パズドラ』の成功あってのことだと言えるだろう。

『パズドラ』に続く良質な作品が相次いで現れ、スマートフォン用ゲームはゲーム業界をＶ字回復させていった。『ファミ通ゲーム白書２０１７』（ＫＡＤＯＫＡＷＡ、二〇一七年）によると、コンソール機の市場規模は一貫して縮小傾向にあり、二〇一六年には三四四〇億円まで減少している。しかし、ほぼスマートフォン向けゲームで占められるオンラインプラットフォーム市場が好調なため、国内ゲームの市場規模は過去最高の一兆三八〇一億円にまで拡大したという（図１）。昨今のコンソール機に対するオンラインプラットフォームの優位は世界的な動向だが、日本でその流れを決定的なものにしたのが『パズドラ』なのだ。

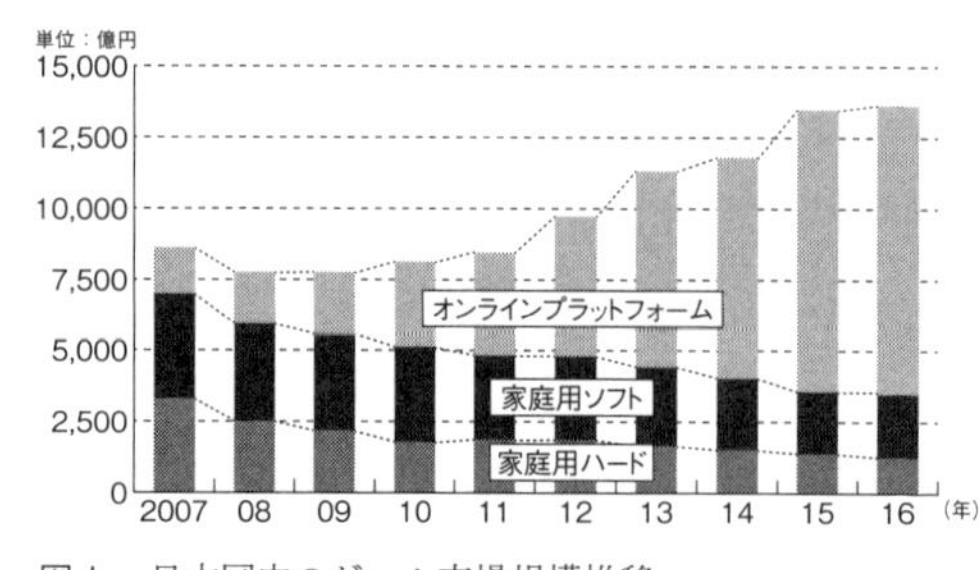

図１　日本国内のゲーム市場規模推移
『ファミ通ゲーム白書 2017』（KADOKAWA、2017 年）をもとに制作

では「その後のゲームの歴史」を書くとして、筆者は『パズドラ』を取り上げるべきだろうか。あるいは、重要な作品であることを見抜いて、まだ目立った存在ではなかった『パズドラ』をきちんと取り上げるべきだったのか。

そうかもしれない。しかし、もともと筆者にとって『僕たちのゲーム史』は「ゲームとは何か」を定義した本のつもりだった。だからゲーム名が豊富に載っていなくとも面白いと思っていたし、この本で扱っているゲームについての解説があれば、その他あらゆるゲームについて語れるはずだから、それで十分ではないか、くらいの思いがあった。したがって著者としては、後に盛況を迎えたスマートフォン用ゲームについても『僕たちのゲーム史』の定義で説明できるため、無理に付け加えることもない、と考えている。

ゲームの定義はゲームの本質であり、それは変化しない。定義が優れているなら、過去の歴史をまとめた本でありながら、未来についても書いてあるのと変わらない。そういう本が筆者の理想だ。本に大量のゲームタイトルを加筆したのは正しい判断だった。だが定義を更新する必要がないならば、年ごとにゲームタイトルを補充していく作業は筆者の役割ではない。

ただ、人がゲームをどんなものだと考えるかもまた、時代と共に変遷していく。本稿の冒頭で触れた、「ゲームらしさ」「ゲームのようだ」という言葉がそれを指す。『パズドラ』についても同様で、二〇一〇年代の人々が「ゲームらしさ」をどう考えたかという観点から、同作が前記のような課金システムやゲーム内容を整えたことについては語り得る。その時代的な変化を見出すために、定義という不変の部分は視座として必要なのだ。

3

では『僕たちのゲーム史』はゲームをどのように定義していたか。筆者はゲームの不変の要素は「ボタンを押すと反応する」点だとした。これはつまり、ゲームの本質はインタラクションにあるという意味だ。プレイヤーの入力デバイスでの操作に対し、意外性のある応答が繰り返され、プレイヤーがそこに何らかの法則性や意味を見出すことでプレイが成り立つ。それが重要なのである。しばしば誤解されるのだが、「ボタン」という言葉が指すものの形状にこだわる必要はない。ボタンと言えば「ファミコンのAボタン」のようなものを容易に想像できるが、それがクルマのステアリングホイールの形状をしていても構わないし、もちろん、スマートフォンのタッチパネルであってもいい。

とはいえ、実はゼロ年代以降、ゲームの入力デバイスはずっと無個性化、標準化へと向かっている。スマートフォン用ゲームは、カードのようにミニマルな意匠の薄いハードウェアの画面に指で直接触れる、アップルの広めた簡便な入力方式に統一されている。またPCゲームならキーボードとマウスという古くからある入力機器がいまだ廃れていない。コンソール機の場合はXbox 360用ゲームパッドで採用されたボタン配置がデファクトスタンダードとなり、その後はこの配置から極端に逸脱しないゲームパッドが主流となっている。

とりわけ、二〇〇五年に発売されたXbox 360のゲームパッドが標準となったのは注目に値する。というのもこうした標準化の流れは、ゼロ年代中盤からの複数人数プレイによるオンラインゲームの一般化と大いに関係しているからだ。

オンラインゲームでは、すべてのプレイヤーが完全に同じハードウェア環境にあることはありえない。PCゲームはもちろん、コンソール機用ゲームでも各社のハードウェアで同じタイトルが発売されるマルチプラットフォーム化が進行し、他のプレイヤーが自分と同じ機種でプレイする割合は減っている。

だからこそ、どのハードウェアでも同じようにプレイできなくてはならず、入力方式の統一が必須になる。インターネットの発展によってグローバリゼーションが加速した結果、異質なものが淘汰されて均質化を招くというのは、現実社会でもゲームの世界でも同じなのだ。

しかも複数人数プレイによるオンラインゲームの場合は、銃が撃てるとか、ジャンプができるとか、トランプの手札を交換するといったことが、ボタンを押した結果なのだということは重視されづらくなる。人々の関心がボタン押下に対する機械のリアクションよりも、その機械の向こう側にいる別のプレイヤーに移ってしまい、ゲームが半ばプレイヤー同士のコミュニケーションの道具として使われるようになるためだ。たとえばパソコンや携帯電話でチャットをするときに、文字をひとつひとつ入力していることを意識しなくなり、それどころかタイピングをなるべく速く行って、対話を矢継ぎ早に続けることを目指すようになるのに似ている。操作が標準化してコントローラが没個性化し、かつオンラインで他人とコミュニケーションすることが念頭に置かれたゲームでは、ゲームがゲームであること、「ボタンを押すと反応する」という本質を見失いやすくなるのだ。

ただし、任天堂は、こうしたゲームの標準化の流れに対して「ボタンを押すと反応する」というゲームの本質を重視することで抵抗を試みているとも言える。ニンテンドウ64の3Dスティック、ニンテンドーDSのペン入力やタッチパネル、Wiiの棒状コントローラなど、同社のゲーム機は、新機種が登場するたびに目新しい入力デバイスを搭載する。それらは一見、従来のゲームとは違う全く新しいゲーム体験を与えてくれるもののようにも思える。しかしそうではない。「ボタンを押すと反応する」という定義から少しも外れていないし、それどころか、本質を突いているのだ。なぜなら特徴的な入力デバイスに触るとき、それが奇妙なものであるからこそ、プレイヤーは操作によってゲームがどう反応するかに期待するからだ。「ボタンを押す」という一般化された動作からはかけ離れていても、それはゲームの本質がインタラクションにあるという前提へと、常に立ち返らせるものなのである。

しかし近年の任天堂が興味深いのは、こうしてゲームの本質を見失わない製品を発表しつつ、他方で標準化されたゲームのあり方にも配慮する態度を見せていることだ。

たとえば『スーパーマリオ ラン』（二〇一六年）は、スマートフォンの単純なタップのみの操作でプレイできる『スーパーマリオ』であり、二〇一七年には Android で最もダウンロードされたゲームになった。もちろん iPhone でも大人気だ。あるいは社会現象的なヒットを記録し、任天堂の株価を大きく上昇させた『ポケモンGO』（二〇一六年）にも同じことが言える。これはスマートフォンを持ったプレイヤーが現実に歩き回り、GPS情報を利用して、場所によって異なるモンスターを発見、捕獲できるというゲームだ。捕らえる際はモンスターに向かってボールを投げる必要があるが、これはスマートフォンのフリック操作で行われ、やはり他のスマートフォン向けゲームに比べて特別変わった操作性というわけではない。

つまり『スーパーマリオ ラン』はスマートフォン用ゲームによくあるエンドレスラン系のゲーム[*7]のキャラクターをマリオに置き換えたようなゲームだし、また『ポケモンGO』も開発元であるナイアンティック社の過去作品『Ingress』（二〇一三年）[*8]をベースに、ゴミ箱に向かって紙くずを投げ入れるミニゲーム並みの単純な味付けをしただけだ。

任天堂がこのように標準化された平凡な操作性へと傾いていったのには、二〇一二年に発表した据え置き型ゲーム機Ｗｉｉ Ｕでの経験が大きな影響を与えている。このハードウェアには６・２インチの液晶画面およびタッチパネルを搭載したコントローラが同梱されていた。テレビにつないでゲームをやりながら、セカンドディスプレイとして手元の液晶モニタを見たり、触って操作できるのが大きな特徴だ。コントローラに付けられた「Ｗｉｉ Ｕ GamePad」という名称と長方形の形状は、明らかにｉＰａｄなどのタブレット端末を意識している。

フランスのゲームパブリッシャーであるUbisoftは、この個性的なハードウェアの発売と同時に、専用タイトルとして『ZombiU』をリリースした。[*9] 住民がゾンビと化したロンドンを舞台にしたＦＰＳで、世界第三位のパブリッシャーであるUbisoftらしい、今どきの海外ゲームのメジャー感と上質さを十分に備えた作品だ。操作キャラクターが死ぬと復活せずゾンビ化して徘徊するようになり、次のプレイヤーキャラが倒すまで所持アイテムを回収できないというシステムにも魅力があった。

だが特に面白いのは、セカンドディスプレイであるコントローラが、ゲーム内の主人公の持つタブレット状の端末に擬えられていることだ。プレイヤーはゲーム中の主人公になりきって、マップの確認やアイテムの使用などを行える。端末をスキャナーモードにするとコントローラ上のディスプレイが暗視スコープのような映像になり、テレビ画面上には映らない周囲の隠し要素を手元で確認できるギミックもある。コントローラにはジャイロセンサーが搭載されているため、上下左右に動かすと、本当に情報端末を使ってあたりの様子を見ている気分が味わえる。

この機能が秀逸なのは、セカンドディスプレイを見るためにテレビ画面から目を離す必要があることだ。マップの確認や周囲の探索をしていると、テレビのほうでゾンビが迫ってきているのに気付かず、いきなり襲われてしまう。手元の端末に夢中になっていると身に迫るゾンビに気付かないという、実際に主人公が体験しそうな、臨場感のあるプレイが楽しめる。

だが『ZombiU』は全く売れなかった。ＷｉｉＵ自体があまり売れなかったゲーム機なので当然だが、とりわけこのタイトルが売れなかったことは象徴的だ。先に述べたように、作品は今どきのＦＰＳとしてよくできており、ゾンビを題材にしたホラーゲームというキャッチーさもある。『ダークソウル』[*10]（フロム・ソフトウェア）や『風来のシレン』[*11]（スパイク・チュンソフト）シリーズのように所持アイテムを失うかもしれないスリルを物語に盛り込む気の利いたところもある。だが、そういう今主流のゲームのプレイヤーは標準化された操作性を求めており、『ZombiU』のような、標準的でない入力デバイスがもたらす意外なゲーム体験は求めていないのだ。

任天堂はゲームの本質がインタラクションであることを理解しているからこそ、プレイヤーがハードウェアとのインタラクションに面白さを見出せるゲーム機を作り続けてきた。しかしハードウェアが自己主張を強めると、標準化された環境で楽しまれる今日的なソフトウェアの面白さを阻害してしまう。オンラインゲームが楽しまれる時代には、任天堂がこれまで送り出してきたような個性的なコントローラの居場所はなくなっていくのだ。その挫折から、任天堂は『スーパーマリオラン』『ポケモンＧＯ』などスマートフォン向けの、平凡な操作性を備えたタイトルを試すようになったと言える。

任天堂の苦悩は、最新ハードウェアであるニンテンドースイッチのコントローラの形状にも見て取れる。これは二個一組を両手に持ち、振り回して操作できるもので、Ｗｉｉで採用された棒状コントローラに似たところがある。しかしアタッチメントを使ってふたつを一体化させると、Ｘｂｏｘ３

60からの流れにある、標準的なゲームパッド形状へと変形させられるようになっている。ゲームの本質を見失わないための個性と、標準化への目配せの相克が、分割、結合できるコントローラという折衷案に象徴されているわけだ。

4

オンラインゲームが主流となり、入力デバイスが標準化された結果、「ボタンを押すと反応する」というゲームの本質が見失われると、何が起こるか。筆者の考えでは、その忘却こそが、本稿の冒頭で触れた、殺人や多額の金銭授受のようにシリアスな出来事を、手軽に、易々と行ってしまう「ゲームらしさ」を招くものだ。

こうした倫理観の欠如は、よく言われるように、ゲームが現実そのもののようなグラフィックやVRを提供したり、ゲームオーバーになってもやり直しができることでプレイヤーの現実感を喪失させるために起こるわけではない。「殺す」という行為が、道徳的に許されないからよくないというわけでもない。それ以前に、我々はトリガーの軽さをまず意識する必要がある。プレイヤーはゲームの中で、トリガーを引いている意識のないまま、ボタンを押していることすら忘れ、手軽なコミュニケーション行為として他のプレイヤーを殺すことができるのだ。

他プレイヤーを殺すことと気軽にコミュニケーションすることは、本来なら全く違う行いだ。しかるにゲームは、ボタンを押すという、さらにどちらとも無関係な行為を挟むことによって、ふたつを仲立ちしてしまう。ボタンを押すことの忘却とは、この仲立ちの忘却だ。つまり殺すことが、気軽なコミュニケーション行為と短絡してしまう。ここに倫理観の欠如が生まれる。

オンラインゲームでは相手が人間なのだから、コンピュータの「反応」とはわけが違うと思う読者もいるかもしれない。たしかに、先ほど書いたように、オンラインゲームでゲームの本質が見過ごされがちになるのは、他プレイヤーとの交流がゲームの主眼になるためだ。人間を相手にしていることを意識しているのだから、機械相手よりも人々は紳士的に振る舞うと考えられなくはない。

しかしゲームの応答を生み出しているのが自分とは別のプレイヤーだったとしても、それが意外な反応を返す限りは、ゲームが生み出すインタラクションは続いている。そもそも筆者の考えでは、ゲームのインタラクションを考える上でコンピュータと人間を区別する必要はない。ゲームのプレイヤーはゲームと切り離された存在ではなく、ソフトウェアやハードウェアと同じくゲームを成り立たせるシステムの一部になっており、言うなれば「ウェットウェア」として捉えうるものだ。

ウェットウェアとは、バイオテクノロジーと情報技術の領域にまたがって一九五〇年代後半から使われるようになった言葉で、マイクル・スワンウィック『Vacuum Flowers』（一九八七年）やルーディ・ラッカー『ウェットウェア』（一九八八年）[*12]などのSF小説で扱われてから一般にも知られるようになった。狭義にはバイオテクノロジーにおいて、脳や中枢神経と、それが生み出す「心」にまつわる人体の機構を指すが、情報技術の世界では、ソフトウェアおよびハードウェアに対応するものとして、それらの操作者である人間をウェットウェアと位置づけることが多い。

たとえばあるシステムの処理速度を上げるには、ソフトウェアを最適化したりハードウェアを高性能なものに入れ替えるやり方がすぐに思いつくが、ウェットウェアである人間の作業手順を変えたり、環境を整えたりするほうが有効なこともある。あるいはハッカーがあるシステムに侵入する際、セキュリティ管理者のふりをして電話をかけ、パスワードを聞き出してしまうようなやり方は、ウェットウェアに対する攻撃と呼ばれる。[*13] 近年、高齢者を中心に被害が増加している「オレオレ詐欺」（振り込め詐欺）も、ソフトウェアの防備が万全である場合にウェットウェアのセキュリティホールを突く手法だ。

このように人間をシステムの外部ではなく、その一部と見なすのが情報技術でのウェットウェア概念だ。その運用については情報エンジニアリングの領域でノウハウが蓄積され、専門書も書かれている。

ゲームにおいても、ルールに従って行動している他プレイヤーを、我々はしばしばウェットウェアのように捉えているはずだ。オンラインが主流となり、目の前に他プレイヤーを見ることが少なくなった現代のゲームでは、この傾向は加速している。

我々は相手が目の前にいなければ、他プレイヤーに暴力的な振る舞いをすることを躊躇しない。かつて『ストリートファイターⅡ』（カプコン、一九九一年）が対戦格闘ゲームというジャンルを生んだとき、当初はゲーム筐体の前に二人のプレイヤーが並んで座り、同じ画面を見ながらプレイする方式が採用されていた。しかし、あるゲームセンターが自主的に二つの筐体を向かい合わせに置き、プレイヤーがそれぞれ別の画面を見ながらプレイする「対戦台」を考案し、これが広まったことで、同作の対戦はさらに人気を呼んだという。当時の対戦台は同じゲーム基板のAV出力とボタン入力を二台の筐体へ振り分ける仕組みで成り立っていたが、これは現在主流になっている非対面式オンラインゲームの原初的な形態のひとつと言っていい。

顔が見えなくなり、またプログラムが優れたものになるほど、モニタの中で起こる反応のどれがコンピュータによるもので、どれが人間の反応であるかを、我々は区別できなくなっていくだろう。人間が相手だからといって、機械相手のプレイよりも思慮深くなれはしない。我々は結局、相手が人間であろうと、コンピュータであろうと、同じようにボタンを押してしまうようになる。社会心理学には、目の前のボタンを押せば別室にいる人間の身体に危害が加えられるとわかっていても、ルールに則って指示された場合、何度でもボタンを押してしまうという有名な実験がある（アイヒマンテスト）。[*14] オンラインゲームで他人をウェットウェアとして認め、ボタンを押して反応を楽しむことは、この実験のようなものだ。ここに、シリアスな出来事を、手軽に、易々と行ってしまう「ゲームらしさ」の根源がある。

ゲームはその本質から、プレイヤーにボタンを押させようとする。まして近年のゲームではオンライン化とコントローラの標準化が進み、プレイヤーがより無自覚にボタンを押すようになっている。ボタンを押したくならないか、押しても何も起きないゲームは駄作、いわゆるクソゲーである。しかしゲームと現実の区別が事実上つけられなくなっていく時代に、歯止めをかけられずボタンを押してしまうとしたら、取り返しのつかない結果を生むことがある。コンプガチャは撤廃されたとはいえ、極端にカネを投じるプレイヤーが続出しているガチャによる収益構造や、ゲーム内のアイテムが現実の通貨でやり取りされるＲＭＴ（リアルマネートレード）などは典型的な例だ。

かといってそれが非難されうるのは、ウェットウェアに虚構と現実の区別をつけさせないからではないし、セーブすれば何度でもやり直しができるからでもない。繰り返すが、ゲームは現実に近くなったし、現実はゲームのようになった。いまや両者は簡単には区別できないため、虚構と現実を混濁させた作品だから悪だという批判は説得力を持たない。時代が進む中で、そうした古くからある「ゲームらしさ」批判は、ほとんど意味のないものになりつつある。

大塚英志がかつて望んだような物語と現実を線引きする言説の構築は、もはや期待できない。では本稿の序盤で提示した問いにふたたび立ち戻ろう。現実のゲーム化と、ゲームの現実化が、まさに現実として同時進行する時、ゲームは、あるいは現実は、どうあるべきか。筆者が考えるのは、ゲーム開発者がプレイヤーをウェットウェアとして捉え、システムの一部である彼に、「ボタンを押すと反応する」ことを再認識させるような入力をプログラム側から与えてやる、ということだ。

実は、古くから多くのゲームデザイナーはプレイヤーが手当たり次第にボタンを押すことの負の側面に気付いており、そのことを内容に盛り込んで注意喚起する作品は数多く存在する。古いものでは、『ドラゴンクエスト』シリーズで知られる堀井雄二が手がけたコマンド選択式アドベンチャーゲームの古典『北海道連鎖殺人 オホーツクに消ゆ』（ログインソフト、一九八四年）にある、用意されたコマンドを総当たりで選んでいると進行不能になるトラップが挙げられるだろう。またPC（MSX2）用のゲーム『メタルギア』（KONAMI、一九八七年）も古典として有名だ。このゲームでは、敵軍の基地へ潜入した主人公をサポートする「ビッグボス」との無線通信が、ゲームの操作方法や手に入れるべきアイテムなど、プレイヤーに必要な情報を与えるチュートリアルの役割を果たしている。ところがビッグボスはゲーム終盤で主人公を罠にかけるようなデタラメを言い始め、指示に従うとプレイヤーは危機にさらされるようになる。

結末では、実はビッグボスが敵の首領であり、序盤で死ぬと思われた主人公が自分の元へ到達しそうになったため偽の情報を与えて妨害しようとした、という真実が明かされる。だがビッグボスのメッセージがチュートリアルとして機能していたことを考えると、これは「ゲームの指示に従ってボタンを押す」ことへの懐疑心を植え付ける演出としてもこの上ないものだ。『メタルギア』は古典作品だが、近年のゲームはかつてよりチュートリアルが充実していることもあり、このタイプのトリックは今も意外に多い。特にプレイヤーの倫理観に関連する重要な作品として、ここでは『Far Cry 4』(Ubisoft、二〇一四年)を挙げよう。

このゲームの主人公は、赤ん坊の頃、母と共にヒマラヤ奥地の小国キラットから亡命を果たした。だが最近になって母が亡くなり、主人公は彼女の祖国に遺灰を撒くため、一人でキラットを訪れた。ゲームはそこから始まる。しかしキラットへ入国した直後、主人公の乗っていたバスがこの地の王を名乗るパガン・ミンという粗野な男にいきなり止められ、主人公は拉致のような形で彼の自宅へ食事に連れて行かれる。

食卓について話し始めたところで電話がかかってきたため、パガン・ミンは「なあ、頼む。ここで待っててくれ。クラブラングーンを食べて。どこも行くな。すぐに戻る」と言い残して部屋の外に出てしまう。実はそこまでゲームは強制的に進行し、プレイヤーには周囲を見回すくらいのことしかできないのだが、ここでゲームの操作方法を説明するチュートリアルメッセージが表示され、プレイヤーは初めて自由に主人公を操作可能になる。そしてチュートリアルの指示通りに操作してゲームのルールを学んでいくと、狂騒的で馴れ馴れしく、カッとなれば部下を殺すようなパガン・ミンに危険を感じた主人公が、不在の隙にパガン・ミン邸を脱出するという流れになる。

さらにその道すがら、主人公はこの地で死んだ自分の父がかつて創設した反パガン・ミンのゲリラ組織と出会う。そして「父の遺志を継げ」と彼らにせき立てられた主人公＝プレイヤーは、キラット中を暴れ回り、たった一人で王立軍を転覆させる無敵の反政府ゲリラとして成長していくことになる。『ファークライ』シリーズはオープンワールド方式のFPSで、RPGのように主人公を成長させるとどんな敵にも負けないような超人的な能力を身につけられるのが特徴だ。本作でもさんざんキラット中を蹂躙し、王立軍を崩壊させ、最後にラスボス攻略ミッションとして冒頭シーン以来のパガン・ミン邸へ乗り込むと、パガン・ミンが真実を明かす。

母が祖国キラットを追われたのは、実は敵であるパガン・ミンと恋仲になり、子供を産んでしまったのが原因だった。怒った主人公の父はその不貞の子ラクシュマナを殺したが、既に父への愛情を失っていた母は、子殺しの復讐のため父を殺してキラットを脱出したのだ。母が去った後、パガン・ミンは彼女の復讐の意志を継ぎ、ゲリラ組織との抗争を激化させていったという。つまりパガン・ミンは主人公にとって継父であり、馴れ馴れしかったのも友好の証だったのだ。パガン・ミンは言う。

「私はここに立って、一体何と言ったっけ？　そう。『ここで待ってろ。クラブラングーンを食べて。どこも行くな。すぐ戻る』。もし、君が私に言われた通り、ここで待っててくれてたら、我々はすぐ戻ってきて、一緒に、遺灰を撒きに行っただろう」

「で、結局君は、自分の国を手放したんだよ。元々キラットは、君のものだ。君に譲るつもりで、あのバスから降ろしたんだ」

「ずいぶんたくさん殺したよ。だが気付いた。ラクシュマナの死を言い訳に、好き放題やっただけだと。君がその遺灰を言い訳に、好き放題やったのと同じかな」

つまりは、主人公はゲリラ組織に乗せられて、継父が譲ってくれようとした国をめちゃめちゃに破壊していたことになる。そしてプレイヤーはゲーム中で示される目標を「言い訳」に、敵キャラクターを好き放題に殺しまくったのだ。右のパガン・ミンのセリフはその事実を突き付ける。

なぜ言い訳と言えるのか。プレイヤーにしてみれば、ゲームなのだから「ボタンを押せ」と言われれば、それに従ってプレイするのが当然に思えるはずだ。ところが、『ファークライ4』の場合はそこに仕掛けがある。じつはゲーム冒頭でパガン・ミンに「待っていろ」と言われた際に、移動を促すチュートリアルに従わず一五分ほど待つとパガン・ミンが戻ってきて、すぐに遺灰を撒くシーンとなってエンディングが流れ、ゲームは終了するのだ。

「何もしないで待つ」「どの選択肢も選ばない」という解法が存在するゲームは他にもある。だが『ファークライ4』の場合は、ウェットウェア＝プレイヤーを欺こうとするチュートリアルやミッション指示の現れる直前に、明快な「待っていろ」という言葉が示される。それが人間のセリフとして、音声付きで述べられるのは意味深長だ。つまりこれは、ゲームが操作可能になったからといって、システムメッセージやインターフェースの誘いに乗ってボタンを押していいのかというメタメッセージに他ならない。そして実際に、その要求に従わないことが、暴力的でないエンディングへと彼を導いてくれるはずだったのだ。先ほど述べた、プレイヤーに「ボタンを押すと反応する」ことを再認識させるプログラムとして、筆者はこのようなものが理想的と考える。

じつはこれは、ゲームと現実が交錯する時代に、倫理はどのように成り立つかという問題である。ゲームの倫理というと、題材や物語が道徳的であるかとか、良心的な課金システムが導入されているかなどの点が注目されがちだ。既に述べたように、時代ごとにその基準を推し量りながら、ゲームの歴史は続いてきた。しかし真にゲームに求められる倫理とは、そこにはない。ゲームの本質の部分、すなわち我々がボタンを押して反応を確かめているということを、自覚させることにあるのだ。

したがってこの倫理は、物語内容の如何よりも、ボタンが押しやすいか、押したくなるようにできているかという、インターフェース設計の水準で問われるものになる。あるいは逆に「押しにくさ」を感じさせる設計や、任天堂の歴代コントローラのようにインタラクションを意識させるものは、倫理的な側面から新たに評価されうるだろう。

ここに、ゲームについての思考が社会についての思考と交差するポイントがある。情報技術が我々の社会に浸透して以来、そのアーキテクチャの倫理がどうあるべきかは、さまざまに語られてきた。しかしその技術とは、我々の生活にパラメータを与えボタン操作を可能にするという特性からも、現実のゲーム化を推し進めるものである。今日の現実がゲームのようなものであるならば、人々をプレイヤー＝ウェットウェアとして捉え、社会というゲームシステムに包摂するという考え方は、比喩としてではなく、実際に行われるべきことだ。

これはゲーミフィケーションのように、現実をゲーム化しようというアイデアとも異なる。我々がゲームと現実を分割することはもはや不可能なのだ。そうであるなら、ゲームからの出力によってプレイヤーの想起する感情、行動様式の変化、そしてふたたびゲームへ行う入力まで含めてシステム全体と捉え、そこに好循環を築き、ウェットウェアの破滅を防いで、システムを維持することが、ゲームの要件、倫理として求められる。その基礎として立ち返るべきなのが、「ボタンを押すと反応する」というゲームの原理だ。人々がプレイヤーとして、現実というゲームにアクセスする際に、ボタンの押下を行っていることをどのように意識させるべきか。その倫理的な設計の具体例は、本稿で挙げたものをはじめとして、多くのゲーム作品に求めうる。

註

＊1　『噂の眞相』一九九一年三月号（噂の眞相）を参照。

＊2　『選択』一九九七年七月号（選択出版）を参照。

＊3　藤原新也「奇妙に『ドラクエⅢ』と一致 虚構から現実を侵す？」、『朝日新聞』一九八八年七月一九日朝刊、一九面。

＊4　教育学者の藤岡信勝が評論家の西尾幹二らと共に興した社会運動団体。一九九六年設立。設立時の趣意書によると「子どもたちが、日本人としての自信と責任を持ち、世界の平和と繁栄に献身できるようになる教科書」を作ることを目的とし、後の日本の保守的思想の広まりに大きな影響を与えた。

＊5　大塚英志「『虚構と現実』論批判」、『中央公論』一九九八年一二月号、中央公論新社、二七九頁。

＊6　『2013CESAゲーム白書』（一般社団法人コンピュータエンターテインメント協会、二〇一三年）を

参照。

＊7　前方へ向かって勝手に走り続けるキャラクターを障害物や敵にぶつからないよう避けさせつつ、ひたすら先へ進ませるタイプのゲーム。たいていはジャンプなどの単純な操作しかできない。ランゲーム系、ラン＆ジャンプ系とも呼ばれる。

＊8　全プレイヤーが二派に分かれ、スマートフォンのGPS情報を利用して地球規模の陣取りを行うゲーム。もともとはグーグルの社内企画からスタートしたゲームだったが、後に独立した。『ポケモンGO』の基幹となる地図情報には、このゲームの運営で蓄積されたデータが流用されている。

＊9　後述のように、『ZombiU』にはWii Uならではのギミックが数多く搭載されていたが、後にこれを改める形でPCやプレイステーション4、Xbox Oneへと移植された。

＊10　第一作が二〇一一年発売のアクションRPGシリーズ。このシリーズの主人公は、死ぬと獲得した経験値をすべて失って復活する。経験値は復活後に殺された場所へ行くと取り戻せるが、たどり着く前にふたたび殺されると永遠に失われてしまう。非常に高い難易度とこのルールが相まって緊張感のあるプレイを楽しめる。多くのファンを生み、現在までに三作のナンバリングタイトルが発売されている。

＊11　第一作が一九九五年発売のRPGシリーズ。古くから存在するローグライク系と呼ばれるRPGの一種で、自動生成されるマップを探索してダンジョンの奥地を目指すのが目的。もともとはチュンソフト（現在のスパイク・チュンソフト）のローグライク系RPGである『不思議のダンジョン』シリーズのひとつだったが、『風来のシレン』単体でシリーズ化され、現在までに五つのナンバリングタイトルがある。

＊12　ルーディ・ラッカー『ウェットウェア』には邦訳がある。一九八九年、ハヤカワ文庫SF刊。黒丸尚訳、大森望解説。なお同書は一九八二年に発表された作品『ソフトウェア』の続編となっている。

＊13　ウェットウェア攻撃は、ソーシャルエンジニアリングと呼ばれる、現実世界でのハッキング行為の一部を成す。ソーシャルエンジニアリングについては、米国の著名なハッカーとして知られるケビン・ミトニックが著

作で詳しく解説して有名になった。

＊14　米国の心理学者スタンレー・ミルグラムによるもので、ミルグラム実験とも呼ばれる。自身による解説書の邦訳として『服従の心理』（山形浩生訳、河出書房新社、二〇〇八年）がある。

身体に悪い蒸気の文化

この本を読む人が、Vaporwaveのことをどこまで知っているのか、僕にはわからない。ただ本稿を読む上では、知識の量はあまり関係がない。一般的にVaperwaveは音楽ジャンルのひとつとして捉えられているが、どっちみち、その説明では十分ではないのだ。実際にはVaperwaveとは社会状況であり、環境であり、すなわち雰囲気であり、煙ではなく、蒸気である。有害であるから、毒霧であるかもしれない。

＊

洋画や海外ドラマの世界では、最近もなお八〇年代リバイバルが続いている。ビデオゲームの世界だと、旧世代を感じさせるピクセルアートやローポリゴンによるグラフィックはインディーゲームを中心に、グラフィックの様式のひとつとして確立した感がある。しかし映像文化の場合、古い時代のガジェットにまみれた作品は必然的に過去を描くものとなり、ノスタルジックな雰囲気が漂いがちだ。視聴者が筋書きを操作できるドラマとして話題になったNetflixの『ブラック・ミラー：バンダースナッチ』（二〇一九）は一九八四年のビデオゲーム業界を描いたものだったし、人気ドラマ『ストレンジャー・シングス』（二〇一六－）も、スティーヴン・キング原作の映画『IT／イット〝それ〟が見えたら、終わり。』（二〇一七）も、あからさまにスピルバーグの『E.T.』（一九八二）『グーニーズ』（一九八五）あたりを参照して視聴者の懐かしい記憶に訴えかける作品になっていた。

Vaporwaveも八〇年代への参照性があると言われる。たしかにそうなのかもしれない。しかし、どうも不思議にも思われる。Vaperwaveがしばしばサンプリングを採り入れつつラウンジやダウンテンポのアンビエンスを漂わせるのは、素朴に考えて九〇年代的な手法と言っていいのではないか。コンピュータグラフィックスで表現力の高さを求めつつグリッチ的に乱れてしまうVaporwave的なビジュアルの様式性も、人々の記憶では九〇年代にあるものではないだろうか。VaporwaveのビジュアルCa表現で好んで使われるWindows3.1のロゴにしても、むろんこのOSが発売された一九九三年頃を参照したものである。八〇年代ではない。

おそらく、音楽ジャンルで積極的に八〇年代の参照を試みたのはSynthwaveだったのではないだろうか。そしてVaporwaveはその後に現れた世代として、八〇年代でもとりわけ後半、さらにはより九〇年代的なものへ関心を移したムーブメントだったということになるだろう。たしかに八〇年代的な意匠を感じさせるところもあるが、そもそも八〇年代後半には、カルチャーの傾向としては既に九〇年代的なものが台頭していた。にもかかわらず、Vaporwaveが九〇年代ではなく八〇年代をこそ参照していると頻繁に言われる理由には興味をそそられるところもあるが、今は措くとしよう。

ところで『グーニーズ』の主人公マイキーは、小児喘息を患う気弱な少年だ。しかし海賊の財宝探しの冒険を終えたラストシーンで、マイキーは兄とガールフレンドがキスする姿を見て、いつも持ち歩いている携帯用の吸入器を投げ捨てる。自分もあんな大人に、強い男になろうというのだ。

この吸入器は、口にくわえてボタンを押すと気道に薬を噴霧する仕組みになっている。発作の時に使うものだ。近年、これによく似た形のものが、カルチャーとして広く流行するに至った。八〇年代の映画の中では病弱な子供時代を象徴するアイテムとして用いられているようなものを、二〇一〇年代からは大人たちが涼しい顔をして口にするようになったのだ。何を言っているのかといえば、電子たばこ、その中でも特にvape のことである。

日本で「ベイプ」と言えば、かつては若者に人気のファッションブランドで売っているパーカーに書かれた文字だったこともあった。この日本製ブランドA BATHING APE は一九九三年に創設された。サルの絵が入った同ブランドの衣服は多くの邦人ミュージシャンやタレントなどにも愛用され、「裏原系」ファッションの代表格と目されていた。二〇〇六年には年商七五億を稼いでいたが、リーマンショック以後には苦境が伝えられ、二〇一一年に香港のアパレル小売会社に買収された。つまりこのブランドは九〇年代前半から二〇〇〇年代の後半まで、ファッションを中心とした日本のサブカルチャーシーンでそれなりに大きな存在感を示していたと言えるのだ。

だが、今ではベイプと言えば電子たばこの一種vape のことなのだと、ひとまず断言してしまおう。西洋文明がたばこを嗜むようになったのはここ五〇〇年くらいのことだ。電子たばこはその中でも最近の流行に過ぎないが、vape の歴史となるとさらに短い。これはリキッドと呼ばれる味付きの液体を熱して蒸気化させ、その煙を摂取するタイプの電子たばこになる。機器は医療大麻などの吸引に用いられるvaporizerと呼ばれる気化器を小型軽量かつ高機能にしたものと言ってよく、その仕組みとしてはボングと呼ばれる水たばこの吸引器にも近しい。

日本で販売されているリキッドに一般的なたばこの成分は入っていないが、ニコチンのリキッドを輸入して他のリキッドに混ぜれば、タール以外は普通のたばこと同様の効用になる。もっともニコチンは劇薬なので使い方を間違えると死ぬ。また、リキッドにマリファナの幻覚成分を混ぜて吸えば、当然ながら逮捕される。

vapeが世界中で人気を博したのには、喫煙具らしい嗜好性に富んだカスタマイズが可能だったという理由が大きいだろう。電圧や電流をプログラム可能な基盤、銅線を巻く回数で使用感を変更できるコイル、安物だと爆発の危険もあるリチウムイオン充電池などを組み合わせて遊んでいると、ミニ四駆でもいじり回しているかのような面白さがある。味も多彩で、リキッドにはミントから野菜炒めまでどんな味でも配合できる。いかにも「男子が好きそう」と言われそうな変形・合体・電脳ガジェットである。

vapeが最初に広く流行したのは二〇一〇年代のヨーロッパにおいてである。とりわけイギリスは『オックスフォード英語辞典』で二〇一四年のワード・オブ・ザ・イヤーにこの単語が選ばれるなど、世界的な流行の先鞭を付けたところがある。

イギリスでは九〇年代半ばにも、ジャミロクワイのジェイ・ケイなど当時のトレンドリーダーたちがマリファナの代替という触れ込みの簡易な電子たばこで遊んでいたことがあった。シャーロック・ホームズの例を出すのはさすがに少々気恥ずかしいが、もともと喫煙文化に関心の深い国民性があるのかもしれない。

＊

イギリスの九〇年代は、六〇年代から続く「英国病」と呼ばれる経済衰退を打開する途上として始まった。辣腕を振るったマーガレット・サッチャー首相は悪名高い「人頭税」の徴用に踏み切ったほか、当時多くの人が好意的に受け止めていた欧州統合にも難色を示していた。その結果サッチャーは辞任に追いやられたが、言い換えれば彼女が政権を維持していたら、そもそもイギリスはBrexitどころかEUにも加盟していなかったかもしれない。

それはともかくとしても、彼女の政策は辞任後に功を奏する。一九九〇年に首相を引き継いだメージャー政権は二年で景気は拡大に転じたと宣言。この頃は北海油田の石油生産量も絶頂期で、エネルギー自給率は九〇パーセントを超えた。二〇〇七年から始まる世界金融危機では大ダメージを受けたが、その後も持ち直せた。国際決済銀行の外貨準備での通貨ランキングで英ポンドが日本円から世界第三位の座を奪ったのも二〇〇六年のことである。

もっともサッチャリズムはハイエクの唱えた新自由主義に基づいて経済指標こそ上向かせたが、社会の格差を拡大させた。プライマル・スクリームが二〇〇〇年にアルバム『XTRMNTR』で行った政治批判の背景には、そうした社会状況があった。

それが九〇年代の話である。この頃、言うまでもなく、日本では長い不況が始まっていた。イギリスと入れ替わるように景気が後退していったのだ。そして一方で日本の九〇年代ではベイプがのし上がってきて、イギリスでは大麻の代替としての電子たばこが流行ったのだ。

ただ当時の電子たばこはおもちゃじみたものだったのでイギリスのムーブメントは拡大しなかったし、ジェイ・ケイにしても後に本物の大麻をステージ上でふかすようになった。にもかかわらず時代が下った一〇年代になって、再びイギリス人たちが喫煙文化に注目したのはいささか面白い。それは右記したような九〇年代半ばの再演としての意味を持つからだ。一〇年代半ばにBrexitが決定するまで在任したデーヴィッド・キャメロンは、サッチャー、メージャー以来の保守党からの首相でもあると言えば、何か九〇年代と一〇年代に符合めいたものが感じられてもくる。

つまりイギリスのvapeのブームは、Vaporwaveと同じように、九〇年代とつながりを持ちながら、一〇年代に台頭したものだった。一応断っておくが、本稿は、ならばイギリスのVaporwaveのアーティストや楽曲がどんなもので、などという話になっていくわけではない。そんな文章は書かない。ここで僕が気にしているのは、vapeすなわち蒸気と名を冠したふたつのカルチャーが、九〇年代の、とりわけ中期に目配せしながら、一〇年代に繰り返された、という奇妙な一致、それ自体だ。

＊

最近になって、主にアメリカで、vapeは身体に悪いのだという研究結果が盛んに報告されている。電子たばこが原因の肺疾患が数百件は発症しており、死亡例もあるという。政府は今後、vapeの使用に年齢制限を設け、販売を禁止することも視野に入れているという。サンフランシスコなどでは、既に電子たばこの販売は禁じられている。

ちなみにサンフランシスコでは、通常のたばこはもちろん娯楽用の大麻も解禁されており、合法に販売されている。アメリカは二〇一二年のワシントン州を皮切りに、複数の州が相次いで嗜好用大麻の使用を解禁しているのだ。

多くの人が指摘していることだが、近年の大麻解禁の流れは洋楽のムーブメントに確実な影響を与えている。Chillwaveを筆頭に、アーバン・メロウ、マンブルラップ、Lo-Fi Hip Hopなど、リラックスした酩酊感と共に楽しめるジャンルのリリースが活発だし、Spotifyでもそうしたシチュエーションで聴くためのプレイリストが目立っている。もっとも、近年のこうした例が特に健全だとか不健全だということでもない。サマー・オブ・ラブ、すなわちヒッピーカルチャーの例を出すまでもなく、ポピュラー音楽はしばしばドラッグカルチャーの趨勢に影響を受けてきたし、今回もまたそういうことが起きているというだけだ。

ただ言うまでもなく本稿が指摘したいのは、Chillwaveなどと隣接的なジャンルとして、Vaporwaveもこの潮流（ウェーブ！）に位置づけられるということだ。そしてVaporwaveの場合、紙巻きの大麻以外に吸い込むものが別にある。それが蒸気、vapeなのだ。

Vaporwaveがちょうどvapeの世界的な流行と同時期に注目を集めるようになったことは偶然ではないだろう。vaporizerがもともと医療大麻を摂取するための機器だったことを思い出せば、大麻解禁のような動向と連動していると言える。すなわちVaporwaveのカルチャー的な先進性とは、社会の他領域とも同調したものだと言えるのだ。

ただ、筆者はいわゆる大麻解禁論者のように、Vaporwaveが格好いいのも大麻のお陰だ、今の時代は大麻が作っているのだ、たばこや酒よりも大麻の方がいいのだ、大麻を解禁しよう、などと、おためごかしな主張がしたいわけではない。そもそも筆者は最初から大麻などに注目していなかった。既に述べたように、あくまでも蒸気である。時代の何が変わったかと言えば、たばこから大麻になった、みたいな小さな話ではない。そうではなくて、燃焼から蒸気への変化こそが決定的なのだ。

音楽ジャンルとしてのVaporwaveは、楽曲のリズムがひどく遅いことと、くぐもったようなリバーブ・エコーが、その特徴に挙げられることが多い。レコードプレイヤーの回転数を極端に下げたようなこの曲調は、九〇年代、咳止めシロップを飲んで酩酊感を得るときに最適な音楽として、ＤＪスクリューが生み出したものがルーツになっている。

彼はヒューストンに住むヒップホップＤＪだったが、最終的にはそのシロップの過剰摂取が原因で命を落とした。しかし二〇一〇年代以降、彼の生み出したビートは、喉をやわらげる手段を蒸気に変えながら、再び人々を癒やしている。

『グーニーズ』のマイキーは大人になるために、力強く吸入器を投げ捨てねばならなかった。それは八〇年代的なビルドゥングスロマンが求める、いささかマチズモの気配がするラストシーンだった。ほとんどの八〇年代リバイバルはやはりノスタルジーのために、時代が宿したその暴力性を単に引き継いでしまうか、もしくはきれいに捨象してしまう。だが、その後の九〇年代がどうあったかを知り、それを一〇年代以降に眺めるときには、我々は指摘せざるを得ない。そんな暴力的には成長があり得ないと、あるいはそもそも成長などあり得ないと、言わざるを得ないのだ。熱い炎など、ない。

vapeは、もちろん身体に悪いだろう。だが身体にいいことがしたければ、今さら何も吸わないのが一番いいに決まっている。声高に有害さを語るだけ無意味だ。そう冷笑的に思うようなとき、リキッドが醸し出すぐもった蒸気は、曖昧模糊として、僕たちを慰める。Vaporwaveとはそういう文化だ。たとえ身体には悪いとしても。

ぼくたちはいつかすべて忘れてしまう

『君の名は。』と『シン・ゴジラ』について

見れば誰もが気付くことだが、日本映画史に残る大ヒットを記録した新海誠の『君の名は。』（二〇一六）にはそれまでの彼のフィルモグラフィーが渾然一体となった形で収められている。ボーイ・ミーツ・ガール、田舎で見上げる夜空、そこに流れていく巨大なものの航跡。あるいは携帯電話、時間を隔てて引き裂かれる男女、会おうとする努力と諦め、大人になって電車から覗く都会のビル群。頂を乗り越えたところで開ける眺望、タイミングよくカウンター的に打ち鳴らされる主題歌。

この、新海誠を我々は知っている。

しかし新海誠はそもそもアニメ的な定型を画面上にばらまいていくことで抒情を構築するところに新味のある作家として登場したのだった。彼自身は、それをしばしば否定した。つまり『ほしのこえ』（二〇〇二）はロボットアニメなどの影響によって成り立っているわけではないと彼は言う。しかしそれは彼の表現が定型に満ちていることと矛盾しない。昨今のミュージシャンが聴いたこともない七〇年代ロックの捻りをなぞってみせることができるように、今の作家にとって定型的であることは必ずしも具体的な過去への参照やオマージュ、リスペクトにつながっているわけではない。

ところが『君の名は。』がやっていることは、明らかに新海誠自身のフィルモグラフィーに対する

参照である。これについて彼自身が意識しなかったと言うことはできるにしても、全く知りませんでしたとは言うわけがないだろう。彼は明らかに自分を再構築しているのだ。そしてそれが、これまで彼が作ったものの中でも一際すぐれて娯楽的な方向性を持っている。これまでのものを寄せ集め、組み合わせれば、エンタテインメントを作ることができるはずだ。そういう、不安に満ちた、しかし力強い指向に人は感動する。『言の葉の庭』（二〇一三）や『秒速5センチメートル』（二〇〇七）の雰囲気に傾いた美麗さが良いのは分かっている。しかしそれは新海誠を単にアニメ的な意匠を感傷的に使う作家として捉えることに近くて、別に僕が何かを言う必要を感じない。第一、そんな作家なら、今さら珍しくもなんともないではないか。しかし『君の名は。』は違うのだ。アニメ的なものを氾濫させた作家が、その氾濫させた結果をさらに氾濫させて、なおアニメ的なものを再構築し、そこにはじめて叙情が宿るとするなら、こんなにすごいことはない。

僕が「アニメ的なもの」と言っているのは、東浩紀が九〇年代にテレビアニメ『新世紀エヴァンゲリオン』（一九九五－一九九六）を見た当時『インターコミュニケーション』Vol.18（NTT出版、一九九六）に書いた「アニメ的なもの、アニメ的でないもの」という文章に依っている。ここで少々長く引用させていただきたい。

（…）通常数話を要するエピソードを、彼（引用者註：監督・庵野秀明のこと）は、早いシーン転換とわずか数コマのカットの多用（アニメーションではこれは非常に贅沢なことだ。コンマ数秒のために新たな作画が必要なのだから）、演出上の省略と難解な台詞により一話に凝縮してしまう。例えばレイはほぼ

2分で死ぬ（第23話）。その速度には圧倒される。と同時に彼は、また他方で、前半で一度明かされたはずの作品世界上の謎をつぎつぎ反転させていく。それゆえこの時期の諸エピソードは、一回見ただけでは、もはや物語を追うこともおぼつかない（これはつまり、庵野がテレビ放映という媒体、またその時間帯から予想される視聴者の年齢を完全に無視したことを意味する）。にもかかわらず『エヴァンゲリオン』後半は、物語説明とは別の次元で、その圧倒的緊張感と、登場人物たちが次々死に傷ついていく悲惨さを伝えることにかなりの程度成功している。それは何故か。

『エヴァンゲリオン』後半は、前半が備える複雑な伏線の整合性や、世界設定のSF的疑似合理性を徐々に失っていく（路線変更があったのだから当然だ）。しかし構成が杜撰になったわけではない。代わりに、奇妙な必然性と緻密さが浮上する。例えば第22話で、衛星軌道上の使徒をエヴァが特殊な槍を投げて倒すという、それだけ聞けば訳がわからないストーリー展開がある。作品内でもその合理的説明はされない。しかし確かにその展開は、シーンの流れの中では、ある必然性を持ち得ている。物語装置とは独立して存在するその「必然性」こそが、『エヴァンゲリオン』後半の真価だ。それが、緊張と悲しみを伝えることを可能にする。

庵野が『エヴァ』においてアニメ的なものの氾濫を志し、物語的な結構とは別のところに真価を見出したとして、同じ庵野秀明が監督した映画『シン・ゴジラ』（二〇一六）にそうした破綻はない。『シン・ゴジラ』はたしかにスピード感のある映画であった。観客が把握できないほど高速に政治家や官僚的な言い回しに満ちたセリフが語られ、短いカットは連続し、登場人物の内面は深く掘り下げられない。そして過去の特撮やアニメ、ポリティカル・フィクション、『機動警察パトレイバー』や『踊る大捜査線』などの組織・警察もの、『黒部の太陽』『富士山頂』などの技術礼賛もの、さらには庵野自身のフィルモグラフィーなど、数々の映画的記憶に基づいた素材を的確に配して観客を楽しませた。

しかしそれはやはり、的確なものであった。物語は本筋を外れないし、観客が筋を見失うことはあり得ない。誰が何をやるかは決まっているし、提示された謎はスピーディーに回収される。また日本人の脳裏に広がったキャラ類型のデータベースは、劇中では詳細に描かれなかったにせよ矢口蘭堂や尾頭ヒロミがどのような人物か瞬時に理解させるし、むしろファンはそれが描かれないことに欣然としてネットで二次創作に励んでいる。実写であることに騙されてはいけなくて、たとえばそれはツインテールの女の子を見て我々が「ツンデレなのかな」「幼いイメージかな」「ツインテールと言えば白井黒子だよな」などと思うことができたりするのに似ているのだ。登場人物たちの人間性が描かれていなかったという感想も聞かれたが、その言い方は少し間違っていて、正しくは彼らについてはキャラとしてしか描かれなかっただけだ。逆に、政治家などの描写がリアルであると感じる者もいるはずだが、登場人物が記号的にキャラ化されているからこそ、人は脳内で自動的にリアリティを補完できるのである。

こうした仕掛けの数々は、少なくとも『エヴァ』においては現実あるいはフィクションに対する我々の感覚を見つめ直させるものとして機能していた。先に挙げた東の考察にはそれが表れている。しかし『シン・ゴジラ』でそれはまず娯楽をスムーズに成り立たせるために機能したし、さらには二時間の尺に作品を収めるためにすら使われている。ひとことでいえば『シン・ゴジラ』は破綻しないように作られたウェルメイドな『エヴァ』なのである。

なお付け加えておくとそれは、新劇場版として「リビルド」が試みられた『エヴァ』シリーズ、とりわけウェルメイドな娯楽作として評価された第二作『破』（二〇〇九）とも違っている。『破』においてクライマックスを監督した鶴巻和哉は過去『エヴァ』を制作したスタジオであるガイナックスの作品で言えば『トップをねらえ！』（一九八八－一九八九）などと共通する熱情を、あるいは近年には今石洋之が『天元突破グレンラガン』（二〇〇七）や『キルラキル』（二〇一三－二〇一四）などで試した、豪快に破綻してみせる娯楽性を試していたと言えるだろう。ところが『シン・ゴジラ』ではこうした要素もまたスピーディーに受け流されていき、たとえば新幹線がゴジラに向かって激突する「高度成長アタック」をかまそうとも、そこに演出的な外連味は集約されない。したがって観客にとっても、好事家としてほくそ笑む程度の見ごたえだけが約束されているはずだ。

翻って『君の名は。』はどうなのか。この映画を見た者であれば、なぜこれが『シン・ゴジラ』と比較しうる作品なのかは明白であろう。つまり、3・11以後を明らかに意識した大破壊が中核に据えられていて、物語はその周囲を巡って何をやるのか。もちろん『シン・ゴジラ』とは違って主人公二人の恋愛劇こそがプロットの関心事になっていることには注目すべきであろう。大破壊に際して物語が「きみとぼく」の関係に終始することは、新海誠が嚆矢だと語られることの多い「セカイ系」の作品として典型的なものだ。しかし『君の名は。』が興味深いのは、主人公の瀧が過去に起こったその大破壊について全く忘れているということである。彼だけではない。そのことが明らかにされるまで、登場人物たちはもちろん、あらゆる風景もまた、その傷跡を感じさせない。それが起こる前の過去と、その時点から見て未来であるはずの現在が、地続きに描けてしまう。それがこのフィルムの叙述トリックを成り立たせている。

そのこと自体が、アニメ的であると言っていいだろう。我々はアニメのシーンの前後に登場人物の変化を見出しにくい。登場人物が強固にキャラ化されているということは、時間的変移を経てもその絵が同じ人物を描いたものだと我々が認識するに足る同一性を備えているということである。言い換えればキャラとは時間的変移の存在をしばしば忘却させようと企む。『ヱヴァ』の第三作『Q』(二〇一二)の序盤で主人公のシンジと観客が、前作から一四年経っていることにかなり長いあいだ気付かないのは、画面に映し出され続けていたアスカが年を取って見えないからである。『Q』はそのことを「呪い」と呼んだ。そう、ここには確かに忌まわしいものがあるのだ。しかしだからこそ、我々はそれに向き合わねばならない。

『君の名は。』は、それをやっている。まずこの映画は我々が忘却しうるということについて描いている。大破壊が本当にあったこと、それは今も遠くで爪痕を残している。そして、残された者たちは真にはそれを経験できないということが、この作品が新海誠のフィルモグラフィーを封じ込めた、すなわち「セカイ系」の系譜にあるものだからこそ素朴に暴かれてしまう。シーン(時間)の変移において、彼らは肉体的に何も変化を経験しない。しかし記憶は失われてしまう。彼らが忘れてはならないことを身体に文字として刻むのは、やはりアニメに強固なキャラ性が描かれるからこそゼロ年代に一世を風靡した「ループもの」と共通したテーマを描いた映画『メメント』のようでもある。つまり、時間的変移を経た後で、彼らは以前と同一の状態へ戻りたくはないのだ。過去を持ち越した者になりたいのだ。その一心で、登場人物たちは、忘れてはならないことを自身の身体に書き込んでいくのだ。けれども『君の名は。』では、それもなし得ない。書き込もうとした瞬間、手にしたペンは取り落とされる。

かつて大塚英志は手塚治虫から始まる日本的なキャラクター表現について次のように書いている

> ミッキーマウス的な非リアリズムで描かれたキャラクターに、リアルに傷つき、死にゆく身体を与えた瞬間、手塚のまんがは、戦前・戦時下のまんがから決定的な変容を遂げたのである。

(『アトムの命題』、徳間書店、二〇〇三)。

この「キャラの身体」を巡る有名な議論には一定の説得性があるが、そもそも虚構であるキャラクターに傷や死が与えられない／与えられるという命題は疑似問題的である。しかしこれまでの議論を踏まえれば、少なくともキャラ的な身体は傷つくことを忘却させるものである、とは言い換えることができる。それは時間的な変移を忘却させるという意味でもある。

こうして、新海誠の本質はそのフィルモグラフィーをエンタテインメントの形で凝縮した『君の名は。』において明確に顕れる。すなわちキャラクターたちは時間的な変移と凄惨な傷について必ず忘れてしまえる。だから彼らは平板で、「傷つかない」ようにも見える。しかし、その忘却、損なわれる記憶こそが彼らにとっての傷である。そしてその傷、失われる記憶への嘆きによって新海誠はエモーションを起動するのだ。

『シン・ゴジラ』はスピーディーにして確実な演出の中で、キャラたちが何を忘却しても構わないように取りはからう。むしろ忘却を促すし、キャラに備わった忘却という機能があってこそ人々は強固さをもって困難に立ち向かうし、物語は優れた完成度を成り立たせるのだ。しかし『君の名は。』が扱おうとするのは、キャラクターがキャラクターであるということそのものである。そこで初めて、新海誠が自身のフィルモグラフィーを参照しながら作品を作ったことが意味を持つ。新海誠も庵野秀明も、今になって、かつての「アニメ的なもの」に満ちた自作そのものをさらに参照先にしながら作品を作ったと言えるだろう。定型的な「アニメ的なもの」を氾濫させていくことについて、東浩紀は「緊張と悲しみ」を喚起させると書いていた。東の文章はその時、どちらかといえば「緊張」のほうに重きを置いていたはずだ。しかし新海誠はそこで、「悲しみ」の構造を抉り出すほうに賭けている。そこが『シン・ゴジラ』とは違う。彼がセカイ系の嚆矢であるのだとしたら、それは当然なのかもしれない。だが、現実に大破壊の前後の時間を経験した我々が考えねばならないのは、間違いなくこの、忘却にまつわる「悲しみ」についてなのである。

始まり／終わり　不機嫌な登場人物による解題

始まり／終わり

不機嫌な登場人物による解題

いわゆるフィクションに限らず、書かれたものはすべて物語だ。もちろん批評も評論も物語である。だから、僕たちが世界内の何かについて語るとき、それは物語なのだ。我々は物語として、世界を生きざるを得ない。

この本は、過去に書いた文章を集めたものだ。いわゆる論集というやつである。

ほとんどは青土社の批評誌『ユリイカ』のために書いた。僕がはじめて同誌へ寄稿したときの文章までもが、収められている。一五年近く前のものだ。

それをはじめとして、かなり古い文章がずいぶんあった。書かれた当時と、社会状況は大きく変わった。今からすると、呑気な話が書いてあるようにも思える。僕自身の問題意識のあり方も変わった。仕事のやり方も、文章の書き方も変わった。そんなわけで、単行本化にあたっては相当の加筆修正を行い、二〇二〇年代の今、さらには将来それなりの長きにわたっても、読むべき部分のある文章へと書き換えたつもりだ。中には、論旨が完全に変わっているものもある。

これまた五年も前の話ではあるが、青土社では、かつて『キャラの思考法』という本を出した。あの本も論集で、やはり初出時から大幅な修正を行って刊行した。ただあの時は、それだけでなく、一冊の本として統一された論旨を紡ぎ出すような加筆を行った。僕はいつもそうで、ばらばらに思えるものが、実は一貫した形を成す仕事をやりたがるところがある。

そういう加筆をしたおかげで『キャラの思考法』は満足できる本になった。ただ、読んだ知り合いからは「さやわかさん、論集というのは、そうやって書くものじゃないんですよ」と笑われた。それはそうだろうな、と思った。普通は、それまでの仕事を一冊にまとめた、自選集のようなものとして作るのだろう。けれど僕は、一冊の本としてのバリューを、読み応えを生みたかったのだ。だから、あの本では普通ではない作り方をした。

今回も、同じような加筆修正を行おうかと思った。だが前述のように、僕が一五年近く前に書いた文章も収めることになった。それぞれの執筆時期によって考え方も書き方も異なるこれらを、何かひとつなぎのものであるかのように作り直すのは、不自然ではないか。そう思ったので、今回は『キャラの思考法』の時のような、一冊で統一的な論旨が立ち上がってくるような作りにはしないことにした。

だからこの本の文章には各論的だったり、強い主張を伴わないものもあって、それぞれの論考の内容をつなぎあわせてみても一冊トータルでのテーマは感じられないはずだ。しかし他方で、加筆を始めてみて気づいたのだが、この本は全体として、僕という人間の生々しさ、考え方や性格などを感じさせる本には、なっている。論考をテーマによって束ねるのをやめた結果、僕自身のパーソナリティーこそが、この本の一貫性を生み出すことになったのだ。これは、自分としては意外なことだった。

そういうわけで、これは、僕の本にしては、ひとりの筆者の姿や観点がずいぶん窺えるものになったように思う。エッセイ的と言ってもいいかもしれない。こういう本は作ったことがなかった。

そんな内容になったことは、そもそも序章に橋本治の話があのように書かれているのだから、ふさわしいことのように思う。あるいは、あの序章があったから、以下の章がみなそれに牽引されて、今のような形になったのかもしれない。今回、僕は編集者が前もって作ってくれた論考の並び順を動かさなかったが（それも『キャラの思考法』の時と違う）、そういう本になるよう意図した章立てだったのだろうか。いずれにしても、僕にはわからない。

その意味では、序章でまず著者の明確な考え方が示されて、以下、僕がその序章に至るまでやってきた仕事が、答え合わせとして並べられているような本だとも言える。序章には次のようにある。

おそらく橋本治は、そこに存在しないものを思い浮かべて、それがあるべきだ、と思っただけである。「ああ、あればいいものが、ないなあ。あったほうがいいのになあ。じゃあしょうがないから、大変だけど、私が書いちゃおうか」と思ったはずである。なぜなら、彼は尋常じゃないほどに親切で、正直で、優しい心の持ち主だからである。

僕が橋本治ほど、親切で、正直で、優しいかどうかは疑わしいが、しかし序章が言うように、たしかに僕はこの橋本治のような態度で、仕事をしようとしてきた。その結果としてあるのが、この本に収められた文章なのだ。

たとえば、この本では、やけに東浩紀や大塚英志について言及している。言及しすぎではないかというくらい、言及している。米澤穂信について書いた文章でも、「ゼロ年代の思想」なんて言い方をしながら、やけにそれが存在したのが当然触れるべきことであるかのごとく、無遠慮に、煽り立てる書き方をしている。

このたび加筆修正するにあたって、その言及の多さに気づき、そしてこう思った。こういう内容になれば、また僕が東浩紀や大塚英志や、あるいは「ゼロ年代の思想」のことを、好きだから、愛着があるから、価値を感じているから、やたらと取り上げたり、引用しているのだとだけ、思われるのだろうな、と。

しかし、そこで僕は、そもそも自分がなぜ、ひとつひとつの論考の中で、こんなにも東浩紀や大塚英志へ言及したのかを思い出した。

前述したように、これらの文章はほとんど『ユリイカ』に書いたものだった。依頼された時、僕はしばしば、こう思ったのだ。おそらく、自分はたくさんの書き手の中でも、ポップカルチャーに詳しいとか、さらに言えばいわゆるオタク系の人間として、ここに呼ばれているのだろうな。そうでなかったとしても、おそらく僕が書かなければ、『ユリイカ』の誌面には、東や大塚などの議論を引き継いで現在につなげようとする、つまり思潮を成そうとする書き手は、いないのではないか。この本の中にも書いてあるが、それは別に『ユリイカ』とか、個別の書き手が悪いわけではない。ただそれが、今日の批評の困難なのだ。なら、僕がやるべきというわけでもないが、僕が書こう。

僕はこれまで、自分の仕事について人に聞かれると「井戸に毒を入れるような」「食事に砒素を混ぜるような」と形容することがあった。ひどいたとえだが要するに、今すぐ効かないかもしれないが、多くの人がたびたび触れることで、少しずつ、浸透することを期待する内容を忍ばせているという意味だ。浸透することが、困難を打破するのだと信じて。あるいは、僕はこの一五年、『ユリイカ』だけに書いていたわけではないから、他の文章も調べてみれば、やはり苛立ちながら、別の場所で同じものを忍ばせているはずだ。

その密かな企てをまとめて眺めると、たとえばこの本における東や大塚の引用の多さとして顕れるのだろう。もちろん東や大塚だけに限らない。この本の文章は、たびたび同じことを、これみよがしに、当然言うべきことであるかのように、主張する。それらもすべて、序章に書いた、橋本治がそうであったような性分で為されている。

親切で、正直で、優しいわけではないかもしれない。だが、少なくとも、僕が、ひどく苛立っているのが感じられる文章ばかりだ。なぜ、みんな、わからないのか。あるいは、忘れようとするのか。だったら意地でも、これを、主張してやろう。今ここでも、また、言ってやろう。そういう憤懣やるかたない、どうかするとひねくれた気持ちが、文章の端々に出ている。

この本が全体として、僕のパーソナリティを伝えるものになっているというのは、そういう意味である。実際、僕はブツブツと不機嫌に、文句ばかり言っている人間なのだ。この本には、そういうところが出ている。

ともあれ、僕自身がポップカルチャーについて行ってきた一五年ぶんの密かな企てに、この本でひとつ、ピリオドが打たれた。ここから何が始まるかは、まだわからない。これは、そういう本である。ただ正直なところ、ポップカルチャーについて知りたくて本を手に取る人は、このあとがきを読んで、僕という書き手がどういう奴かなんて、興味ないぜと思っていることだろう。かつて「作家」とか「評論家」という言葉は、その人物自身のあり方も含めて考えを伝える存在だった。だが、今やそういう職業は絶滅したのだ。時代錯誤であり、お呼びではない。僕のパーソナリティなど不要である。

ここから何が始まるか、まだわからないと先ほど書いた。とはいえ、では僕が今後それでも、自身のあり方をふくめて主張を伝えていく者になりたいか？　と言われると、人見知りだし、やりたくない。だからこそ僕は、なるべく自分自身を排除した本ばかり書くようにしてきたのだから。けれど、この本は、まさに「作家」だった橋本治を最初に掲げたからなのか、僕を主軸にした本として完成した。それはそれで、よかったのかもしれない。世界を物語として生きるという本だから、僕自身が登場人物になるしかなかったのかもしれない。

どうかこの本が、あなたにとって何かを思わせるものでありますように。

本書は、企画、目次、タイトルにいたるまで全面的に青土社の前田理沙氏による作業によって成立した。また『ユリイカ』掲載以外の原稿の収録については、株式会社ゲンロンの横山宏介氏と、小説家の坂上秋成氏に許可をいただいた。ご尽力とご厚意に感謝したい。

二〇二一年二月　COVID-19パンデミックによる緊急事態宣言の最中に

さやわか

初出一覧

終わり／始まり

八匹目の終わりと始まり　『ユリイカ』二〇一九年五月臨時増刊号、青土社。

I

そしてメンテは続く　『ユリイカ』二〇一七年二月号、青土社。
「現場」の「現在」『ユリイカ』二〇一一年二月号、青土社。
ペインキラーは要らない　『ユリイカ』二〇一七年六月号、青土社。
年表を生きる者　『ユリイカ』二〇一二年一二月臨時増刊号、青土社。
日常系の世界を推理する　『BLACK PAST』Vol.2。

II

世界を物語として生きるために　『ユリイカ』二〇〇九年四月号、青土社。

ポケットの中の（はてしない）図鑑　『ユリイカ』二〇一八年一〇月号、青土社。

寓話とアニメーションの間で　『ユリイカ』二〇〇七年一月号、青土社。

「かわいい世界」は可能なのか　『ユリイカ』二〇一六年三月号、青土社。

終わっている〝萌え〟の時代と、続く日常について　『ユリイカ』二〇一六年一一月号、青土社。

「-ism」の変節と平成の断面について　『ユリイカ』二〇一九年二月号、青土社。

III

対話の不成立、またはソニックブームが画面を越えること　『ユリイカ』二〇一八年四月号、青土社。

宇多田ヒカルのカップヌードル　『ユリイカ』二〇〇八年四月号、青土社。

答えは人生を変えない　『ユリイカ』二〇二〇年七月号、青土社。

ボタンの原理とゲームの倫理　『ゲンロン8』、ゲンロン。

身体に悪い蒸気の文化　『ユリイカ』二〇一九年一二月号、青土社。

ぼくたちはいつかすべて忘れてしまう　『ユリイカ』二〇一六年九月号、青土社。

始まり／終わり
不機嫌な登場人物による解題　書き下ろし

＊本書収録にあたり、加筆・修正を施した。

さやわか
1974年生まれ。物語評論家、マンガ原作者。『Quick Japan』（太田出版）、『ユリイカ』（青土社）などで執筆。「LINE マンガ」（LINE デジタルフロンティア）に連載の『キューティーミューティー』、『永守くんが一途すぎて困る。』（作画・ふみふみこ）の原作を担当。著書に『僕たちのゲーム史』、『一〇年代文化論』（星海社新書）、『AKB 商法とは何だったのか』（大洋図書）、『キャラの思考法』（青土社）など多数。近著は『名探偵コナンと平成』（コア新書）など。

世界を物語として生きるために

2021年3月10日　第1刷印刷
2021年3月22日　第1刷発行

著者　さやわか

発行者　清水一人
発行所　青土社
東京都千代田区神田神保町1-29　市瀬ビル　〒101-0051
電話　03-3291-9831（編集）　03-3294-7829（営業）
振替　00190-7-192955

印刷・製本　ディグ

装幀　今垣知沙子

ISBN978-4-7917-7363-3　C0095